Gustav Hellmann

Meteorologische Volksbücher

Ein Beitrag zur Geschichte der Meteorologie und zur Kulturgeschichte

Gustav Hellmann

Meteorologische Volksbücher
Ein Beitrag zur Geschichte der Meteorologie und zur Kulturgeschichte

ISBN/EAN: 9783743448995

Hergestellt in Europa, USA, Kanada, Australien, Japan

Cover: Foto ©ninafisch / pixelio.de

Manufactured and distributed by brebook publishing software (www.brebook.com)

Gustav Hellmann

Meteorologische Volksbücher

Sammlung populärer Schriften
herausgegeben von der Gesellschaft Urania zu Berlin.
No. 8.

Meteorologische Volksbücher.

Ein Beitrag zur Geschichte der Meteorologie und zur Kulturgeschichte.

Von

Prof. Dr. G. Hellmann,
Mitglied des Königl. Meteorologischen Instituts zu Berlin.

BERLIN.
Verlag von Hermann Paetel.
1891.

(Sonderabdruck aus der illustrirten naturwissenschaftlichen Monatsschrift „Himmel und Erde", III. Jahrgang, 9.—11. Heft.)

Alle Rechte vorbehalten.

Unter Volkslitteratur versteht man Schriften, welche für das Volk geschrieben, von diesem viel gelesen und stark benutzt werden. Volksbücher müssen daher einen Gegenstand sehr allgemeinen Interesses behandeln, eine durchaus verständliche Sprache führen und dürfen nicht umfangreich sein; denn das Volk hat weder Zeit, dicke Bücher zu lesen, noch Lust, viel Geld dafür auszugeben. Ein weiteres Kennzeichen der Volksbücher besteht darin, dafs ihre Verfasser häufig unbekannt bleiben oder sich hinter einem Pseudonym verstecken; sie theilen ferner das gleiche Schicksal, zumeist verbraucht oder vernichtet zu werden. Volksbücher früherer Zeit, namentlich des 15. und 16. Jahrhunderts, sind deshalb sehr selten geworden und stehen auf dem antiquarischen Büchermarkt in hohem Preise. Nur in einigen grofsen Bibliotheken — in Deutschland namentlich in München, Berlin und Dresden, in der Bibliothèque Nationale zu Paris und im British Museum zu London — findet man mehr oder weniger vollständige Sammlungen alter Volksschriften. Einzelne derselben, auch von denjenigen meteorologischen Inhalts, welche uns hier speziell interessiren, sind trotz früherer massenhafter Verbreitung wahre Unica geworden, von denen nachweislich nur ein Exemplar übrig geblieben ist, welches als litterarische Seltenheit ersten Ranges naturgemäfs sorgsam gehütet wird.

Soviel zur allgemeinen Charakteristik der Volksbücher. Man begreift leicht, dafs das Wetter oder überhaupt die Vorgänge in der Atmosphäre von jeher einen sehr passenden Vorwurf für dieselben abgaben; denn alle Welt fühlt sich vom Wetter und seinen Veränderungen abhängig. Auch der sich im Freien viel aufhaltende Landmann bringt den atmosphärischen Erscheinungen ein ganz natürliches und tiefer gehendes Interesse entgegen. An Volksbüchern meteorologischen Inhalts hat es darum niemals gemangelt. Gleichwohl haben sie bisher nur wenig Beachtung gefunden. Der Fachmeteorologe kennt sie zumeist kaum dem Namen nach und der Litteraturhistoriker hat den Volksbüchern, welche Sagenstoffe in Prosa oder Poesie behandeln, stets mehr Berücksichtigung geschenkt. Als ich vor einigen Jahren anfing, mich mit diesem Gegenstande näher zu beschäftigen, glaubte ich zwar in der nunmehr auch schon selten gewordenen Schrift von J. Görres: „Die teutschen Volksbücher. Nähere Würdigung der schönen Historien-, Wetter- und Arzneybüchlein, welche theils innerer Werth, theils Zufall Jahrhunderte hindurch bis auf unsere Zeit erhalten hat" (Heidelberg 1807. 8º) einen Wegweiser für die meteorologische Volkslitteratur gefunden zu haben, allein ich täuschte mich; denn nur ein solches Büchlein wird daselbst (Seite 35—39) besprochen. Auch das umfangreichere Werk von Charles Nisard: „Histoire des livres populaires ou de la littérature du colportage depuis le XVe siècle jusqu'à l'établissement de la commission d'examen des livres du colportage (30 novembre 1852)" (Paris 1854. 2 Bände gr. 8º), welches schöne Facsimile-Reproduktionen von Titeln und Holzschnitten enthält, berührt unser Thema nur insofern, als einige alte und neue in französischer Sprache geschriebene Kalender mit Wettervorhersagungen analysirt werden. Ich war also bei dem Versuch einer Darstellung und Würdigung der meteorologischen Volkslitteratur zumeist auf eigne Nachforschungen angewiesen, wodurch sich diese bibliographisch-geschichtlichen Studien nur um so interessanter gestalteten.

Es kann natürlich nicht meine Absicht sein, alle zu meiner Kenntnifs gekommenen Schriften dieser Art hier aufzuzählen und zu besprechen; ich würde leicht einen Band von vielen Bogen damit anfüllen können. Ich will vielmehr nur die typischen Repräsentanten ganzer Gruppen von meteorologischen Volksbüchern vorführen und ihren Inhalt erläutern. Wesentlich nur deutsche Schriften sollen berücksichtigt werden; doch wird es sich dabei nicht vermeiden lassen, auch die entsprechende ausländische Litteratur kurz zu erwähnen, weil sonst das richtige Verständnifs für die Entwickelung und den inneren Zusammenhang dieser Geistesprodukte verloren ginge. Und gerade darauf lege ich besonderen Werth, nachzuweisen, wie sich bei allen Kulturvölkern nahezu dieselben Volksanschauungen hinsichtlich atmosphärischer Erscheinungen entwickelt haben, und wie speziell die deutsche meteorologische Volkslitteratur durch diejenige anderer Nationen beeinflufst worden ist.

Ich werde daher der Reihe nach folgende Volksbücher meteorologischen Inhalts besprechen:

      Buch der Natur des Konrad von Megenberg,
      Lucidarius oder Elucidarius,
      Wetterbüchlein,
      Bauern-Practik oder Wetterbüchlein,
      Practiken und Prognostiken,
      Hundertjähriger Kalender.

Die beiden zuerst genannten Schriften sind allgemeinen naturwissenschaftlichen, z. Th. auch religiösen Inhalts und behandeln meteorologische Erscheinungen nur vom theoretischen Standpunkte aus, während sich die übrigen genannten Volksbücher mit dem praktischen Problem der Wettervorhersagung beschäftigen. Ein weiterer Unterschied zwischen beiden Gruppen besteht darin, dafs erstere Bücher bereits vor der Erfindung der Buchdruckerkunst existirten und schon in Handschriften eine relativ grofse Verbreitung fanden, während die Herausgeber der letzteren, welche zum ersten Male gleich gedruckt erschienen, natürlich von vornherein auf eine wirkliche Massenverbreitung rechnen konnten.

Das Buch der Natur

des Konrad von Megenberg ist die älteste in deutscher Sprache geschriebene Naturgeschichte. Schon deshalb verdient es gröfsere Beachtung seitens der deutschen Naturforscher, von denen bisher nur einzelne Botaniker und Anatomen — namentlich wegen der Abbildungen — dasselbe benutzt haben. Um so fleifsiger ist es dagegen von den Germanisten studirt worden, welche dieses wichtige Sprachdenkmal stets richtig gewürdigt haben.

Ueber die Lebensumstände des Verfassers hat sich nur sehr wenig Zuverlässiges ermitteln lassen.

Konrad von Megenberg stammt wahrscheinlich aus der Schweinfurter Gegend (Mainberg, früher Meienberg bei Hafsfurt) und ist ums Jahr 1309 geboren. Die ersten Studien machte er auf dem Gymnasium zu Erfurt, begab sich etwa in seinem zwanzigsten Lebensjahre nach Paris, wo er an der Universität acht Jahre lang öffentliche Vorlesungen hielt, und kehrte darauf in seine Heimath zurück. Nachdem er für kurze Zeit die Wiener gelehrte Schule bei St. Stephan geleitet hatte, kam er 1342 nach Regensburg, wo er verschiedene kirchliche Aemter bekleidete und im Jahre 1374 als Kanonikus am Dom starb.

Wenn ich Konrad von Megenbergs vielfache litterarische Thätigkeit auf theologischem und ökonomischem Gebiete hier ganz übergehe, möchte ich doch nicht unerwähnt lassen, dafs er aufser dem „Buch der Natur" auch das erste deutsche Lehrbuch der Astronomie lieferte, indem er die „Sphaera mundi" des Joannes de Sacro Bosco übersetzte.[1])

Konrad schrieb das „Buch der Natur" ums Jahr 1350. Dasselbe ist, ebenso wie seine „deutsche Sphaera", kein originales Werk, sondern nur eine, allerdings sehr freie, wesentlich verbesserte und vermehrte Uebersetzung eines in lateinischer Sprache geschriebenen Manuskriptes „Liber de natura rerum", dessen Verfasser lange Zeit unbekannt blieb. Konrad selbst hat den Verfasser nicht gekannt; im Anfange hält er Albertus Magnus für denselben, später, bei dem Abschnitt von den Edelsteinen, kommen ihm aber Zweifel darüber: „dar umb sprich ich Megenberger, daz ich zweifel, ob Albertus daz puoch hab gemacht ze latein, wen er in andern püechern verr anders redet von den Sachen dan daz puoch redet . . . ." Erst im Jahre 1719 hat der französische Dominikanermönch Echard nachgewiesen (Scriptores Ordinis Praedicatorum recensiti . . Paris 1719—21.

---

[1]) Joannes de Sacro Bosco, ein englischer Gelehrter aus Holywood (= Sacro Bosco) in Yorkshire, lehrte in der ersten Hälfte des 13. Jahrhunderts an der Pariser Universität und schrieb einen Traktat über die „sphaera mundi", welcher als erstes elementares Lehrbuch der Astronomie Jahrhunderte lang in Gebrauch gewesen ist. Ja, man kann behaupten, dafs dieses kleine Buch von kaum 30 Blättern das verbreitetste astronomische Werk überhaupt ist; denn abgesehen von den zahlreichen Handschriften und den Kommentaren zur Sphaera darf man annehmen, dafs vom Jahre 1472, in dem es zum ersten Male (zu Ferrara) gedruckt wurde, bis zur Mitte des 17. Jahrhunderts gegen 150 verschiedene Ausgaben von demselben erschienen sind. In Deutschland trug besonders Philipp Melanchthon viel zur Verbreitung dieses Buches bei, während die „deutsche Sphaera" Konrad von Megenbergs nahezu ganz unbekannt blieb, obwohl es die erste Uebersetzung des lateinischen Originals in eine moderne Sprache war. Erst im Jahre 1516 wurde Konrads Werk unter Verschweigung seines Namens von dem Nürnberger Konrad Heynfogel (Hainfogel) als „Sphaera materialis, eyn Anfanck oder Fundament der Gheuen da die Lust haben zu der Kunst der Astronomey" herausgegeben. Diese zuerst von Jos. Diemer im Jahre 1851 (Kleine Beiträge zur älteren deutschen Sprache und Literatur. Wien. 8°) nachgewiesene Thatsache scheint astronomischen Fachkreisen bis jetzt unbekannt geblieben zu sein, da selbst Rud. Wolf in seiner „Geschichte der Astronomie", und nach ihm andere, das Werk Heynfogels als ein originales ansehen.

2 vol. Fol.), dafs nicht Albertus Magnus, sondern ein Schüler des „grofsen Meisters", Thomas Cantimpratensis aus Belgien, der Autor jenes Manuskriptes sei, eine Thatsache, die schon der grofse deutsche Gelehrte Tritheim im 15. Jahrhundert vermuthet hatte. Das in mehreren Handschriften (z. B. zu Paris, Haag, Lüttich, Utrecht, Stuttgart, Krakau) noch vorhandene Werk „de natura rerum" dürfte kurz vor der Mitte des 13. Jahrhunderts verfafst sein, so dafs es schon über hundert Jahre alt war, als es Konrad von Megenberg übersetzte und dadurch zu seiner Verbreitung, wenigstens in den Ländern deutscher Zunge, nicht unwesentlich beitrug. Da Thomas' Buch von dem grofsen französischen Encyklopädisten Vincent de Beauvais (Vincentius Bellovacensis) für sein „Speculum naturale" und von dem belgischen Gelehrten Johann van Maerlant für seine Naturgeschichte „Naturen bloeme" stark benutzt worden ist, mufs man sehr bedauern, dafs das „Liber de natura rerum" immer noch nicht veröffentlicht worden ist. Die belgische Akademie der Wissenschaften, welche Maerlants im 13. Jahrhundert geschriebene naturgeschichtliche Anthologie veröffentlicht hat, würde sich durch Herausgabe auch jener Schrift des Thomas Cantimpratensis sicherlich ein grofses Verdienst erwerben.

Obwohl Konrad von Megenberg von Geburt ein Franke war, hat er sein „Buch der Natur" nicht in fränkischer, sondern in bayerisch-österreichischer Mundart geschrieben. Durch die vielen Abschreiber ist aber der ursprüngliche Text arg entstellt worden, und erst im Jahre 1861 hat der Germanist Pfeiffer es versucht, jenen wieder herzustellen. Pfeiffers kritische Bearbeitung, deren Einleitung manche werthvolle Angaben für diese Darstellung entnommen worden sind, erschien in der Reihe der Veröffentlichungen des litterarischen Vereins in Stuttgart.

Dafs Konrads Buch bereits im 14. Jahrhundert zu den gelesensten deutschen Schriften gehörte, ergiebt sich aus der grofsen Zahl noch vorhandener Handschriften desselben. Allein die Königliche Hof- und Staatsbibliothek in München besitzt deren siebzehn; in Wien sind acht, in Stuttgart drei vorhanden u. s. w.

Im Druck erschien das Buch zum ersten Male im Jahre 1475 (Augsburg bei Bämler) mit zwölf Tafeln naturhistorischer Abbildungen in Holzschnitt und wurde bis zum Jahre 1499 noch sechsmal aufgelegt, so dafs also sieben Inkunabel-Drucke des „Buchs der Natur" vorhanden sind. Auch in der ersten Hälfte des 16. Jahrhunderts erschien es noch mehrfach in neuen Auflagen. Seitdem war die Schrift in Vergessenheit gerathen. Erst im Jahre 1831 hat Konrads fränkischer Landsmann Schmeller, der grofse deutsche Sprachforscher, auf die grofse Bedeutung dieses Werkes nachhaltig hingewiesen.

Der mannigfaltige Inhalt des „Buchs der Natur" erhellt am besten aus den Ueberschriften der gröfseren Abschnitte, in die es zerfällt:

1. Von dem Menschen in seiner gemainen Natur.
2. Von den Himeln und von den siben Planeten.
3. Von den Tieren in ainer gemain.
4. Von den Paumen.
5. Von den Kräutern.
6. Von den edeln Stainen.
7. Von dem Gesmaid.
8. Von den wunderlichen Prunnen.

Uns interessirt wesentlich nur der zweite Abschnitt. Nachdem in den ersten neun Kapiteln desselben die astronomischen Erscheinungen abgehandelt worden sind, beginnt mit Kap. 10 „Von dem Luft" der meteorologische Theil, zu dem im Sinne der Alten allerdings auch Kometen (Kap. 11 „Von dem geschopften Stern")[2]), Meteore und Sternschnuppen sowie die Milchstrasse („Herstraz") gerechnet werden.

Gerade über meteorologische Erscheinungen scheint Konrad von Megenberg oft nachgedacht zu haben; denn er widmet ihnen relativ viel Platz in seinem Buche und tritt auch in diesem Abschnitte häufig ganz selbständig auf: sagt er doch selbst am Schlufs des 10. Kapitels „daz daz lateinisch puoch hie hinke."

Das Reich der Luft wird in drei Regionen getheilt: die oberste, dem Feuer nächste ist warm und trocken, die mittlere kalt, die unterste wieder wärmer, weil sich der Sonnenschein auf der Erde und dem Wasser wiederspiegelt. In jeder dieser drei Regionen spielen sich bestimmte meteorologische Vorgänge ab. In der obersten, die höher ist als alle Berge, sieht man bisweilen einen neuen Stern, der einen Schopf oder Sterz hat (Komet); in der mittleren sieht man des Nachts mancherlei Feuer (Sternschnuppen, Meteore . . .); in der untersten die eigentlichen meteorologischen Erscheinungen:

„regen und fne, hagel und plitzen und hoert man donren und her ab vallent stain mit dem donren. und zc stunden siht man daz es fröschlein regent oder klainen vischlein. dar zuo siht man taw und reif und wilder hönich her ab vallen. man siht auch mangerlai wint fliegen in dem luft

---

[2]) Hier berichtet Konrad von einem Kometen, den er im Jahre 1337 zu Paris selbst beobachtet hat. „Der werte mer denne vier wochen und stuont gegen dem himelwagen und het den storz gekert gegen däutschen landen . . ."

und ſiht den regenpogen und des monen und des ſunnen hof und ſiht auch ze ſtunden zwuo ſunnen oder drei."

Sprachlich interessant ist hier das erstmalige Auftreten der deutschen Worte Sonnen- und Mondhof.

Im Kap. 15: „Von den Winden" unterscheidet Konrad zunächst vier „die fürsten sint aller anderr wind", und theilt jedem derselben zwei Nebenwinde zu, so dafs er eine zwölftheilige Windrose erhält, von deren Aufkommen und Verbreitung ich in dieser Zeitschrift (II. Jahrgang: Die Anfänge der meteorologischen Beobachtungen und Instrumente) bereits ausführlicher gesprochen habe. Das Merkwürdige dabei besteht aber darin, dafs Konrad die von Karl dem Grofsen eingeführte Namengebung der Winde nicht kennt oder wenigstens nicht benutzt. Von den Namen der Nebenwinde sagt er: „die mag man haizen nach der vodern wind namen, also daz des sudenwindes gesellen haizent der rcht sudnaer und der tonk sudnaer" (d. h. der rechte und der linke Südwind).

Sehr naiv klingen Konrads Erklärungen der Stürme, Wirbelwinde, Sturmfluthen u. s. w., die kurz so abgethan werden:

„ez geſchiht oft, daz die widerwärtigen wind begegent ainander, als der ſudner dem nordner oder der oſtner dem weſtner. welher denne ſterker iſt, der wirfſt den andern zuo der erden oder in ain wazzer alſo veſticleich ze ſtunden, daz er ſcheff under kert. iſt aber, daz ſi gleich ſtarch ſint, ſo ringent ſi mit ainander ſo vaſt, daz ſi pald zuo der erden vallent und varnt in ainer ſnellen werbeln weiſe und zuckent oft mit ainen grozen ſtain oder ainen menſchen oder ain ander ſwaerez dinch und fuerent daz mit in auf in die lüft. wenne aber ſi alſo vallent in daz mer, ſo werfent ſi daz merwazzer auf und giezent ez an daz lant und verderbent läut und guot."

Komplizirter ist schon die darauf folgende Erklärung der Windstille, welche mit der richtigen Wahrnehmung schliefst, dafs „der luft oft still ist nach dem regen, wenne vor dem selben regen wind gewaet habent".

Die im Kap. 16 vorgetragene Regentheorie enthält trotz ihrer Kürze und Lückenhaftigkeit doch schon viel von dem, was wir jetzt als richtig anerkennen, ist aber namentlich darum interessant, weil sie über das Wissen des klassischen Alterthums weit hinausgeht. Konrad von Megenberg sagt:

„Der regen kümpt von wäzzrigem dunſt, den der ſunnen hitz auf hat gezogen in daz mitel reich des luftes, wann von der kelten, diu da iſt, entſleuzt ſich der dunſt wider in wazzer, als wir ſehen an dem dunſt, der von dem wallenden hafen get ob dem feur: wenn der dunst die kalten eisneinne (eiserne) hafendecken rüert, so entsleuzt er sich in wazzers tropfen. also geschiht auch dem dunst, der da kümt von rosen prennen oder von wein prennen: wenne der den kalten plehenne huot rüert, so entsleuzt er sich auch in wazzer, und smekt daz selbig wazzer von dem ding, da von der dunst kümt...."

Diese zur Erläuterung der Regentheorie hinzugefügten Vergleiche und Hinweise auf ähnliche Vorgänge beim Kochen des Wassers im eisernen Topf und bei der Destillation bezeugen eine treffliche Beobachtungs- und Kombinationsgabe. Ich glaube aber nicht, dafs sie Konrad von Megenberg zuerst und allein aufgestellt hat. Es scheint mir vielmehr gerade diese Stelle dafür zu sprechen, dafs er die Schriften der arabischen Naturphilosophen fleifsig gelesen und benutzt hat. Ich finde nämlich, dafs schon die im 10. Jahrhundert zu einem Orden sich gliedernde Schule der „Lauteren Brüder" in der von ihr geschriebenen Encyklopädie des damaligen Wissens fast genau dieselben Anschauungen vertritt. Da dieser arabische Orden sich später auch über Spanien verbreitete, so ist die Uebertragung dieser Ideen nach dem Abendlande durchaus wahrscheinlich, wissen wir doch, dafs fast alle Gelehrsamkeit des Alterthums und ganz besonders die mathematisch-naturwissenschaftliche durch arabische Vermittlung im 11.—13. Jahrhundert auf uns gekommen ist. In den von Dieterici ins Deutsche übertragenen Schriften der „Lauteren Brüder" heifst es nämlich wörtlich: „Wer die Wahrheit von dem, was wir sagen, erkennen und sich das Wie von dem, was wir von dem Aufsteigen der zwei Dunstströme angaben, wie nämlich die Wolke sich aus ihnen zusammenfügt und die Tropfen herabfallen, vorstellen will, der beobachte (die Destillation) das Aufsteigen und die Tropfenbildung des Wassers, wie die, welche dies Gewerbe treiben, sie herstellen, so die Destillation des Regenwassers, die des Essigs und dergleichen. Auch betrachte derselbe die in den Badehäusern aufsteigenden Dämpfe, wie dieselben als Wasser von den Dächern tröpfeln."

In demselben Kap. 16: „Von dem Regen" macht Konrad noch eine Bemerkung, welche zeigt, dafs er trotz aller Naivität und trotz der Frömmigkeit, die er sonst zur Schau trägt, genug gesunden Menschenverstand besitzt, um nicht jeden Aberglauben ruhig hinzunehmen. Er macht sich lustig über die Kehlheimer, welche über einem roth fliefsenden Wasser „an der Tuonaw oberhalb Regenspuroh" eine Kapelle bauten, in dem Glauben, dafs da ein Heiligthum sei.

Die folgenden Kap. 17—19 handeln „Von dem Tawe", „Von dem

Snewe", "Von dem Reifen", Kap. 20 "Von dem Schawr" und beginnt also: "Der schaur haizt in anderr däutsch der hagel . . .", ein deutlicher Beweis dafür, dafs Konrad sein Buch in bayerisch-österreichischer Mundart geschrieben hat. Die weiteren Kap. 21—24 sind der Besprechung von Gegenständen gewidmet, welche wir längst nicht mehr als zur Meteorologie gehörig ansehen, nämlich "Von dem Miltawe" (Mehlthau), "Von dem Honig", "Von dem Himelflad" (Ladanumharz) und "Von dem Himelprot" (Manna).

Das lange Kap. 25 "Von dem Donr und dem Plitzen" verräth wieder mehrfach arabische Beeinflussung, enthält aber andererseits auch mancherlei, was Konrad offenbar aus eigner Erfahrung hinzugefügt hat. Wichtig scheint mir namentlich seine Verläugnung des "Donnersteins", ein uralter Aberglauben, welcher sich noch Jahrhunderte lang im Volk erhalten hat. Konrad sagt:

"iedoch fint läut, die waenent, daz der donr ain ftain fei, dar umb, daz oft ain ftain her ab vellt mit dem donr in grozem weter. daz ift niht war, wan (denn) waer der donr ain ftain, fo machte er wunden den läuten und den tiern, die er derfleht, fam ander vallend ftain tuont. des gefhiht doch niht, wan wir fehen, daz die läut, die der donr fleht, kain wunden habent. . . ."

Im folgenden Kap. 26 "Von dem Nebel" macht Konrad treffliche Bemerkungen über die Häufigkeit dieses Phänomens und über seine Folgen, die auf eigener Beobachtung beruhen dürften:

"Dar umb fint die nebel gern des morgens oder des abends, wenn diu funne niht gar ftarch ift, und allermaift in dem herbft, in dem winter und in dem lenzen mer denn in dem fumer. Ift, daz der nebel aufget in die lüft, fo kümt gern ain regen dar nach, dar umb, daz fich der dunft in regenwolken verkert in den lüften. ift aber, daz er auf die erden vellt, daz bedäutet fchoen weter. . . ."

Die letzten Kap. 27—30 widmet Konrad der Besprechung der optischen Erscheinungen in der Atmosphäre, welche mit besonderer Vorliebe von den alten Schriftstellern über Meteorologie behandelt worden sind: Kap. 27 "Von der Sunnen Hof", Kap. 28 "Von den Zuosunnen", Kap. 29 "Von den Sunnenstricken" (virgae d. h. Wasserziehen der Sonne), Kap. 30 "Von dem Regenpogon". In diesem letzten Kapitel ist Konrad besonders ausführlich und mittheilsam. So erzählt er unter anderem von einem weifsen Regenbogen, den er im Ries bei Nördlingen an einem Maimorgen beobachtet habe.

Vorstehende Auszüge und Bemerkungen werden zur Genüge bewiesen haben, dafs das "Buch der Natur" auch für Meteorologen von grofsem Interesse ist. Bedenkt man, dafs die Betrachtung der Vorgänge in der Atmosphäre nur einen kleinen Theil des Buches ausmachen, dafs die zoologischen, botanischen und mineralogischen Abschnitte, welche mit gleicher Originalität geschrieben sind, den breiteren Schichten des Volkes noch näher als jene liegen, so wird man die grofse Beliebtheit dieses Volksbuches im 14. und 15. Jahrhundert wohl begreifen.

Wir könnten das „Buch der Natur" nunmehr verlassen, wenn nicht noch eine hochinteressante Stelle aus dem sechsten Abschnitt „Von den edeln Stainen" unsere Aufmerksamkeit für einen Augenblick in Anspruch nähme. Ich meine die bis jetzt unbeachtet gebliebene Stelle im 3. Kap. „Von dem Adamas", wo, meines Wissens zum ersten Male in einem deutschen Buche, des Gebrauchs der Magnetnadel bei der Schifffahrt Erwähnung gethan wird. Ich kann mir nicht versagen, diese durch Klarheit und Einfachheit so ausgezeichnete Darstellung, der ich nichts Aehnliches aus jener Zeit an die Seite zu stellen wüfste, wörtlich hier wiederzugeben:

„er (d. h. der Adamas) melt auch den merſtern, wan ſo die ſcheflaut auf dem mer niht geſehen mügent vor den dicken nebeln wa ſi varn zuo dem geſtat, ſo nement ſi ain nadeln und reibent die mit der ſpitz an den adamanten und ſteckent ſi dan übertwerch an ain halmſtuck oder in ain ſpaenel von holz und legent ſi in ain pecken oder in ain ſchüzzeln vol wazzers und füert ainer den adamanten mit der hant auzwendig umb daz vaz, da diu nadel inn iſt; dem volgt diu nadelſpitz inwendig, alſo daz ſi in dem vaz auch kraizlot umbget. ſo daz geſchiht eteswie vil, ſo zuckt der ſtainfüeraer den ſtain ſnell under und pirgt in. wenn nu diu nadelſpitz irn füerar hat verlorn, ſo kert ſi ſich geleichs gegen den merſtern und ſtet zehant (ſogleich) und wegt ſich niht mer, und dar nach rihtent ſich dann die ſcheflaut, wan der ſtern ſtet an dem himel ze norden, da der himelwagen ſtet, gegen ſuden oder gegen mittem tag über. daz verſte alſo, daz ſich die ſcheflaut rihtent nach des kräuzs örtern, daz all die werlt hat befloʒʒen: often weſten ſuden norden. wenn ſi nu daz ain ort wizzent ze norden, ſo rihtent ſi ſich dar nach."

Zur besseren Würdigung dieser vortrefflichen Darstellung Konrads sei in Erinnerung gebracht, dafs wahrscheinlich im Laufe des 12. Jahrhunderts der Kompafs in dieser primitiven Form — eine magnetisirte Nadel mittelst eines Strohhalmes oder Holzspahnes auf Wasser schwimmend — im Abendlande eingeführt worden ist und dafs er zuerst von dem französischen Dichter Guyot de Provins ums Jahr 1190 erwähnt wird. Besonders beachtenswerth in Konrads Bericht ist die sonst nirgends erwähnte Vorsichtsmaſsregel, die Nadel mittels des Adamas in Bewegung zu versetzen und dann durch plötzliches Wegziehen des Magneten eine möglichst richtige Einstellung derselben zu erzielen.

Elucidarius.

Bildet das „Buch der Natur" gleichsam den Uebergang von der eigentlichen gelehrten Litteratur zur volksthümlichen, so gehört der „Elucidarius" letzterer ganz und gar an. Sein Inhalt ist in mehr als einer Beziehung dürftig, die Anordnung des Stoffes nicht gerade methodologisch geschickt, die Sprache einfach und kindlich naiv, bisweilen sogar plump. Zur Belehrung und zur Fortbildung des Volkes wird darum dieses Buch nicht viel beigetragen haben; aber das ist ja gerade ein Charakteristicum der Volkslitteratur, daſs sie einen veralteten Standpunkt des Wissens repräsentirt. Das Volk, welches in Sitten und Gewohnheiten mit groſser Zähigkeit am Althergebrachten hängt, setzt auch dem Eindringen neuer Ideen und Anschauungen über das Wesen der Dinge einen gewissen passiven Widerstand entgegen.

Ueber den Verfasser des Buches ist Zuverlässiges leider nicht beizubringen. Da es in späteren Ausgaben mit angehängtem „Bauren Compasz"[3]) erschien und dieser von Jakob Köbel, dem bekannten Stadtschreiber von Oppenheim herrührt, wurde diesem vielfach auch der „Elucidarius" zugeschrieben. Allein bei dem Verkauf der reichen Sammlung des Mathematikers und Bibliographen Libri im Jahre 1859, in welchem sich auch eine deutsche Handschrift des Elucidarius befand, wurde zum ersten Male bekannt, daſs ein gewisser Nikolaus Pfaldorf von Ingolstadt der Uebersetzer sei. Wer ist nun aber der eigentliche Verfasser des merkwürdigen Buches, welches nicht blos in Deutschland, sondern in fast allen Kulturländern Europas während des 15. und 16. Jahrhunderts auſserordentlich beliebt war? Die beiden Bibliographen Brunet (Manuel du libraire et de l'amateur de livres) und Graesse (Trésor des livres rares et précieux) nehmen an, daſs all' die vielen Ausgaben, welche der Lucidarius in deutscher, französischer, englischer, italienischer, dänischer und selbst czechischer Sprache erlebt hat, auf eine Schrift mit dem Titel „Elucidarium" zu-

---

[3]) Der „Bauren Compasz" lehrt, wie man ohne Uhr und ohne magnetischen Kompaſs aus der emporgehaltenen linken Hand bei Sonnenschein die Tagesstunden erkennen kann. Jakob Köbel ist auch der Verfasser eines der ersten in deutscher Sprache erschienenen Rechenbücher (Augsburg 1514).

rückzuführen seien, welche dem Kirchenvater Honorius Augustodunensis zugeschrieben wird. Nun hat allerdings dieser um die Mitte des 12. Jahrhunderts gestorbene Gelehrte, von dem wir eine kosmographische Schrift „De imagine mundi" besitzen, auch ein „Elucidarium sive Dialogus de summa totius Christianae Theologiae" geschrieben, aber nachdem ich dasselbe in Mignes Patrologiae cursus completus (Bd. 172 S. 1109 ff.) durchgesehen, kann ich versichern, dafs der deutsche Lucidarius oder Elucidarius — die fremdsprachlichen Ausgaben, z. B. französisch Lucidaire, englisch Lucidayre, italienisch Lucidario u. s. w. sind mir nicht zugänglich — nur sehr wenig mit dem Elucidarium des Honorius gemein hat. Allerdings beginnen beide Bücher mit derselben Religionsfrage, der Dreieinigkeit, und haben auch noch manche andere auf Religion bezügliche Punkte gemeinsam, aber der umfangreiche geographische und naturwissenschaftliche Inhalt des Lucidarius, der uns hier gerade interessirt, findet sich im Elucidarium des Honorius überhaupt nicht vor.

Es mufs also nothwendigerweise ein anderer Autor für das mittelalterliche Volksbuch Lucidarius angenommen werden, als Honorius Augustodunensis. Inwieweit der oben genannte Nikolaus Pfaldorf von Ingolstadt an der Textgestaltung betheiligt ist, bleibt dahingestellt.[4])

In deutscher Uebersetzung erschien das Buch zum ersten Male ums Jahr 1470 unter dem Titel Lucidarius; die erste datirte Ausgabe stammt aus dem Jahre 1475 (Elucidarius, von den wunderbaren sachen der welt. Augspurg, J. Sorg. Fol.); bis 1500 erlebte es mindestens acht neue Ausgaben, im 16. Jahrhundert wahrscheinlich weitere zwölf, und selbst im 17. wurde es noch öfters aufgelegt.

---

[4]) Bezüglich des Litterarhistorischen vergleiche man „Graesse, Lehrbuch der Litterärgeschichte", III S. 978, und die Einleitung von dem durch C. J. Brandt besorgten dänischen Neudruck „Lucidarius, en Folkebog fra Middelalderen" (Kopenhagen. 1849 8°). — Honorius führt deshalb den Beinamen Augustodunensis, weil er zu Autun in Frankreich gelebt hat, er stammt aber wahrscheinlich aus Deutschland; denn seine frühesten Schriften nehmen fast ausschliefslich auf deutsche Verhältnisse Bezug. Vergl. hierüber namentlich „Cruel, Geschichte der deutschen Predigt" (Detmold 1879. 8°), S. 128 ff.

Einige Kapitel des Lucidarius, wie z. B. diejenigen über die Winde und die Wärme der Brunnen erinnern sehr an die entsprechenden Abschnitte einer Schrift „De Philosophia Mundi", welche früher dem Honorius zugesprochen wurde, nach den Ausführungen von Hauréau aber (Nouvelle Biographie Universelle, T. XXII, col. 667 ff.) den französischen Philosophen Wilhelm von Conches zum Verfasser hat. Man kann also nur annehmen, dafs der Inhalt des mittelalterlichen Volkbuches Lucidarius den Schriften verschiedener Gelehrter entnommen worden ist.

Die mir vorliegende vierte Ausgabe (Augspurg, von Hansen Schönsperger, 1482; 29 unpaginirte Quartblätter mit eingedruckten Holzschnitten) beginnt mit einem Titelholzschnitt[5]), welcher zeigt, wie unter einem bestirnten Himmel ein (links) aufrecht stehender „Maister" einen (rechts) sitzenden und nachschreibenden „Junger" belehrt. Darunter beginnt der Text wie folgt:

„Dis buch heiffet Lucidarius = dz fpricht zu teutfch alfo vil als eyn erleüchter. An difem buch findet ma manige groffe ler die anderen bucheren verborgen feind dz vnder[6]) vns diß buch. Jn der gefchrifft fo finden wir = auch den fyn diß buchs dz es genannt wirt = Auro gemma das bezeichnet vns wye gut das buch fay = Vnd darumb was ma in anderen buchern dunckels vn vnuerftändliches gefchriben vindet = dz erklärel meifter Lucidarius gar ordentlichen dauon ein meſch welßheit empfahen mag = den was man in der gefchrifft welt muß zefamen fuchen = dz vindet man hier jnn mit wenig worten fchon begriffen. ℂ Got der ye was vnd ymmer ift on end der fey difes buchs ein anfang Amen =."

Hierauf folgt der bunte Inhalt des Büchleins, von dem man sagen kann, dafs es „de omnibus rebus et quibusdam aliis" handelt. Da in späteren Ausgaben eine Eintheilung in Kapitel vorgesehen und eine Art von Inhaltsverzeichnifs beigegeben ist, scheint es mir am besten, einen Theil desselben mitzutheilen, um die Mannigfaltigkeit des Stoffes erkennen zu lassen.

Cap. 1. Dafs wir sollen glauben drei namen in einer Gottheyt.
Cap. 2. Vom geschöpff des Himmels, der Erden, vnd alles was darinnen.
Cap. 3. Vom Fall Lucifers, vnd der Hellen.
Cap. 4. Vom Himmel vnd seinem lauff.
Cap. 5. Wie vil der Himmel, vnd wo Adam geschaffen ward.
Cap. 6. Vom Paradeifs, theylung der Welt, vnd wassern des Paradeifs.
Cap. 7. 8. 9. (Geographischen Inhalts).
Cap. 10. Woher die Wind kommen, vnd von natur des Wassers.
Cap. 11. Von Erdbidmen vnd dem Land Sicilia.
Cap. 12. Von den leuten vnder vns. Wovon die nacht komm, warumb die Sonn entzwerchs laufft an dem Himmel.
Cap. 13. Von den siben Planeten, vnd welcher natur die Planeten.

---
[5]) Derselbe Holzschnitt kommt in einigen Ausgaben des später zu besprechenden „Wetterbüchleins" wieder vor.
[6]) Hier fehlt offenbar ein Wort (weist).

Cap. 14. Vom Mon, warumb er so bald vol werde, vnd widerumb abnimpt, auch von dem Cometen.
Cap. 15. Vom finsternuſs, vom dondr vnd fewr, vnd wohers kompt daſs steyn fallen.
Cap. 16. Vom hagel, vom blut, frösch vnd würm regnen.
Cap. 17. Vom Regenbogen, warumb die Brunnen des Sommers so kalt, vnd des Winters so warm, vnd wefshalben die Thier alle von einer materien seind, vnd doch einander vngleich.
Cap. 18. Von schöpffung des Kindts in Mutterleib.
Cap. 19. Wie alle ding ein end nemen.
Cap. 20. Wer die Seelen peiniget, vnd wie grofs gnad die seelen gewinnen.
Cap. 21. Von anruffung der Trinitet.
Cap. 22. 23. 24. 25. (Ebenfalls religiösen Inhalts.)

Obwohl die im Mittelalter so beliebte umständliche Art der Behandlung, nämlich die des Fragens (Junger) und Antwortens (Maister), gewählt ist, wird der in vorstehenden 25 Kapiteln enthaltene Stoff doch auf kaum 60 Seiten abgethan. Der Ton der Darstellung ist natürlich so sicher und zuversichtlich, dafs dem Leser bezw. dem „Maister" niemals ein Zweifel an der Richtigkeit des Vorgetragenen aufkommt.

Folgende zwei Proben aus den meteorologischen Kapiteln werden zur Genüge zeigen, wie sehr in dieser Beziehung der „Elucidarius" hinter dem „Buch der Natur" zurücksteht. Dieselben sind der oben erwähnten Ausgabe vom Jahre 1482 entnommen und betreffen

1. Den Ursprung der Winde:

„Der lunger fraget wō vō kōmen dye wind. ℭ Der maiſter ſprach d' windē ſeind vier die heiſſen cardinales von der yegklichem kōmē die anderē zwē winde dye heyſſent kolaterales = das wendel mōre wallet an vier enden an dem grund an den enden = bo das gewalle zeſamen ſtoſſet wirt ein wind von dem geſtōſs = ſo dye vier wind dann oben an den hymel zeſamen ſtoſſen So werdend die wind zwōlff wind von der groſſen treffte = dann tringen in dye lōcher ſo ſtrebet der ander lufft dann herauſs dauon kommen dye anderen wind = dye tāglichen bey vns ſeind =."

2. Die Niederschläge:

„Der iunger fragt = wie kōmpt das das der hagel ʒe ſummer ſchlōcht vnd ʒu winter nit. ℭ Der meiſter ſprach = des ſummers iſt dye ſunn ſo krefftig d3 ſy den nebel = vnd dye feüchte mit ir füret in den lufft

== wann vns dann dye funn nahet ist so muß der hagel werdē des winters so ist vns dye sunn vern == vnd hat die erde lawes vil noch dann ist auch dye sunn so trefflig das sy dye feücht mug gehaltē da von wirt des winters kein hagel == Der iunger fraget == wo von kompt der schnee == ☾ Der maister sprach == so der much auff geet in dē lufft == so beleibet er in dē lufft biß er dick wirt vn mag doch nit zu steinen gefrieren wann da ist nit nebels vnder so er dann zu tal fellet so ist dye erd also kalt das der schnee nit zergeen mag == also kompt es auch umb den regen == wann sich das tawe mischett vnder den nebel vnd vnder den rauch == das mag nymmer zesamen gefrieren."

Das Wetterbüchlein.

Das Wetterbüchlein ist eine kleine Schrift von 7 bis 10 Blättern, welche lehrt, das Wetter im Voraus zu erkennen.

Ich darf bei meinen Lesern als bekannt voraussetzen, dafs es schon im klassischen Alterthum Schriften gab, welche die Lehre von den Wetterzeichen in gröfserer oder geringerer Ausführlichkeit behandeln; ich erinnere nur an die Werke von Theophrastos, Aratos und Ptolemaios bei den Griechen, Vergilius, Nigidius Figulus und Avienus bei den Römern. Die Zahl der von diesen und anderen Autoren uns überlieferten Vorzeichen der Witterung, welche zumeist den Erscheinungen am Himmel, in der Atmosphäre, im Thier- und im Pflanzenleben entlehnt sind, erhielt namentlich bei den Arabern einen ansehnlichen Zuwachs, der durch Vermittlung der arabischen und jüdischen Gelehrten Spaniens während des Mittelalters auch dem Abendlande bekannt wurde. Die zahlreichen arabischen Werke über Astrologie enthalten fast immer ein besonderes Kapitel über Wetterzeichen, welche allerdings ausschliefslich den Sternerscheinungen angehören. Wahrscheinlich schon im 14. Jahrhundert hat ein uns unbekannter Gelehrter alle diese Witterungsanzeigen gesammelt und zu einer Art von Handbuch der Wettervorhersage vereinigt. Dasselbe erschien zuerst 1485 im Druck und hat für Meteorologen darum ein ganz besonderes Interesse, weil es meines Wissens das erste gedruckte Werk rein meteorologischen Inhaltes ist. Es führt den Titel:

„Opusculū repertorii pronosticon in mutationes aeris tam via astrologica q̄ metheorologica uti sapiētes experientia compe-

rientes voluerunt pq̄ȝ utilissimo ordinatū incipit sidere felici
è primo prohemiū" [7])

und darf als Vorläufer einer ganzen Reihe ähnlicher Schriften aus dem 16. Jahrhundert betrachtet werden. Es würde zu weit führen, alle diese hier aufzuführen; es mag genügen an die entsprechenden Werke des Gratarolus, Niphus, Camerarius, Tartaglia, Mizauld u. A. zu erinnern, welche aber zumeist in lateinischer Sprache geschrieben, also für Gelehrte bestimmt waren. Das deutsche Wetterbüchlein dagegen ist ein echtes Volksbuch, welches in heilsamer Kürze und in durchaus verständlicher Sprache die wichtigsten Regeln für die Erkenntnifs des Wetters mittheilt.

Die älteste Ausgabe dieses Büchleins, die mir bei meinen einschlägigen Untersuchungen bekannt geworden ist, stammt aus dem Jahre 1508 und scheint selbst den Bibliographen von Fach bisher entgangen zu sein. Bei der aufserordentlichen Seltenheit dieser Art von Litteratur, welche, wie bereits eingangs erwähnt wurde, vom Leserkreise zumeist verbraucht und vernichtet worden ist, darf dies nicht allzusehr Wunder nehmen; giebt es doch Druckwerke, welche nachweislich existirt haben, nunmehr aber ganz verschwunden sind.

Der Titel dieser ersten Ausgabe, welche zu Augsburg von Hans Froschauer gedruckt wurde, lautet (unter Beibehaltung der Zeilen) folgendermafsen:

> **Wetterbüchlin**
> **Dā water etkantnuß deß**
> wetters. Also das ain yeder er sey gelert oder vngelert
> durch alle natürliche anzaygung die endrung des wetters
> aygentlich vnd augscheinlich wissen vnnd erkennen mag.
> gezogen vnnd gegründt auß den regeln der hochberümbten
> Astrologen. vnnd darzu durch die täglichen erfarung
> (die ain maisterin ist aller Kunst) bewärt.

Unter diesem Text, in welchem man den Druckfehler etkantnufs statt erkantnufs bemerkt haben wird, folgt in verkleinertem Maafsstabe derselbe Holzschnitt, welchen ich oben bei der Ausgabe des „Elucidarius" vom Jahre 1482 kurz beschrieben habe.

---

[7]) 45 paginirte Quartblätter; auf der Rückseite des 45. Blattes steht: „Repertoriu de mutatione aeris finit", und darunter in zwei Zeilen: „Hyppocratis libellus de medicorū astrologia incipit: a Petro de abbano in latinū tra-

Dieses Wetterbüchlein fand so aufserordenlichen Beifall, dafs es in der ersten Hälfte des 16. Jahrhunderts 12 Mal nachgedruckt wurde; allein im Jahre 1510 erschien es in fünf verschiedenen Ausgaben. Alle diese und spätere Auflagen bleiben hinsichtlich des Inhalts fast

ganz unverändert, nur die Orthographie und die typographische Ausstattung wechseln jedesmal.

In der aus dreifsig Reimzeilen bestehenden Einleitung bekennt sich ein gewisser Leonhard Reinmann (Reynmann, Rynman)

---

ductus." Diese Schrift des Hippocrates nimmt die Blätter 46 bis 49 ein. Am Schlufs folgt die Angabe des Druckers, Druckortes u. s. w., nämlich Erhard Ratdolt (aus Augsburg) zu Venedig im Jahre 1485.

als Verfasser des Werkes, das er auf direktes Verlangen seines Herrn, Graf Wolfgang zu Oeting, zusammengestellt habe. Offenbar ist das alte Geschlecht derer von Oettingen, welche in der gleichnamigen Stadt bei Nördlingen ihr Stammschlofs besitzen, gemeint. Graf Wolfgang, der intellektuelle Urheber des Buches, starb nach einer Angabe in Zedlers Universal-Lexikon im Jahre 1522, was mit der Zeit des Erscheinens vom Wetterbüchlein sehr gut pafst. Ueber den eigentlichen Verfasser Leonhard Reinmann habe ich aber nichts Näheres in Erfahrung bringen können; im Jahre 1515 hat er noch einen Nativitäts-Kalender und in den Jahren 1524 und 1526 Prognostica (siehe weiter unten) veröffentlicht. Da er sich des Grafen Unterthan nennt, vermuthe ich in ihm einen Geistlichen oder Arzt oder Schulmann auf den Oettingenschen Gütern[5]).

Die sehr originelle Einleitung lasse ich wörtlich hier folgen, weil sie deutlich zeigt, dafs schon damals der Aberglaube vom Einflufs des Mondes auf das Wetter beim deutschen Bauer feste Wurzel gefafst hatte; denn sonst würde Reinmann nicht so eifrig gegen denselben zu Felde ziehen. Ich benutze bei dieser und den folgenden Anführungen eine in meinem Besitz befindliche Ausgabe des Wetterbüchleins von J. Otmar in Augsburg ums Jahr 1510, deren Titel auf S. 439 in Facsimile-Druck wiedergegeben ist.

> „Auff vil gesinnen vnd begeren
> des wolgebornen edlen herren
> Herren Wolffgang / Grauen zu Öting
> groß liebhabers künstlicher ding
> Hab ich Leonhardus Rynman
> seiner genaden vnnderthan
> Mit allem vleiß zusamenbracht
> das die Sternmaister hond gemacht
> Wie man an gar vil dingen mag
> sehen vnd erkennen alle tag
> Das Wetter / liecht / schön oder naß
> warlich / gwisser vnd vil baß
> Dann paurn nach des mons liessen
> vnd solts ioch all paurn verdriessen

---

[5]) Der Name Reinmann kommt zu jener Zeit und in jener Gegend öfters vor; so nennt Doppelmayr (Historische Nachricht von den Nürnbergischen Mathematicis und Künstlern) zwei berühmte Kompafsmacher, Hieronymus und Paul Reinmann, aus Nürnberg, von denen der erstere 1577 starb.

So ist ir sagen meertails glogen
vnd der sich dran lest würt betrogen
Wan es hat gar kain grund nicht
aber difes ist kain gedicht
Sonder zu vil zeitten vnd stunden
gerrecht / gwiß vnd war erfunden
Für annder paurn regel all
ich wünsche das es wol gefall
Sein gnaden / vnd andern die gern
kunst lesen / sehen vnd hörn
Ettwan für langweil zusehen
ob die ding also geschehen
Die hier iñ seind geschriben.
sy wärn noch lang dahinden bliben
Hett sy Graff Wolffgang nit erweckt
vnd ich die müe dar gestreckt."

Um den Inhalt des Büchleins kennen zu lernen, thun wir am besten, zunächst das am Schlusse folgende Register durchzusehen; denn ein solches besitzen die meisten Ausgaben, obwohl der Umfang des eigentlichen Textes nur 10 bis 12 kleine Quartseiten umfasst.

Register vnd Titel diß
büchlins / was hierinn in gemain
gesagt würt.

- Am ersten würt gesagt von den Circkeln die zu ettlicher zeit gesehen werden vmb die Sonn vnd Mon vnd annder stern.
- Von den farben vnd liechten der andern stern.
- Von dem geschoß der stern.
- Wie das wetter im auff vnd nidergang der Sonnen zu erkennen ist.
- Von erkantnuß des wetters durch die wolcken.
- Von dem Regenbogen / wenn er werd / vnd was er bedeüt.
- Von donnern vnd blitzen.
- Das wetter zu wissen durch die vier Quart oder zeitten des Jars.
- Von erkanntnuß des wetters auß dem Neüwen vnd Volmon.
- Von den vrtaylen der winnd durch mancherlay zaichen.
- Von dem hagel.
- Von den vrtailen des wetters auß dem feür.
- Von den vrtailen des luffts auß dem mör.
- Etlich schön Paurn regeln.

Der Inhalt vorstehender 14 Kapitel ist naturgemäfs von sehr ungleicher Güte. Einzelne Aussprüche sind so selbstverständlich, dafs sie keinen eigentlichen prognostischen Werth besitzen, wie z. B. das vorletzte Kapitel, welches aus dem einen Satz besteht: „Wenn das mör gestüm ist an dem gestad / bedeüt wind / im winter regen / vnd ain grofs vngewitter." Andere Abschnitte enthalten manchen astrologischen Aberglauben aus den Schriften des Ptolemaios, Albertus Magnus, Alkindus, Haly u. a., welche als Gewährsmänner ausdrücklich genannt werden; im ganzen bekundet aber der Inhalt des Wetterbüchleins einen sehr erheblichen Fortschritt in der Beurtheilung der Wetterzeichen gegenüber den oben erwähnten astrologischen Schriften, namentlich der Araber. Wir finden eine ganze Reihe wichtiger Beobachtungen und Erfahrungen, die aus einer grofsen Zahl von Einzelwahrnehmungen abstrahirt wurden, als Wetterregeln zusammengestellt und, wie der Titel verspricht, durch „die täglichen erfarung (die ain maisterin ist aller Kunst) bewärt." Ausgezeichnet gelungen in dieser Beziehung scheinen mir insbesondere die Abschnitte zu sein, welche aus optischen Erscheinungen (Mond- und Sonnenhöfe u. s. w.), sowie aus dem Aussehen des Himmels und der Wolken das Wetter im Voraus zu erkennen lehren. Von ganz besonderem kulturhistorischen Interesse ist aber das letzte, „Paurn Regeln" überschriebene Kapitel, weil es meines Wissens zum ersten Male einige in deutscher Sprache abgefafste Reimsprüche der Art enthält. Dieser Umstand wird es rechtfertigen, wenn ich dieselben, mit Ausnahme der ersten, welche keinen Bezug aufs Wetter haben, hier wörtlich zum Abdruck bringe:

☾ Wen sich die kält im winter lindet
Als bald man schneeß empfindet
Es seyen dan dunckel wolcken dabey
So sag das es ain regen sey

☾ Wenn morgens frü schreyen die fröfch
Bedeüt ain regen darnach gar rösch

☾ So gäns / ennten vnd taucherlein
Vaft baden vnd bey ainanden sein
Vil wasservögel zu der frift
Naß wetter gwiß vor augen ift

☾ Das ift gewiß on als betriegen
Wen schwalben auff dem wasser fliegen
Vnd mit den flügeln schlagen drein
Das regenwetter nit weit thut sein

ℭ Ain morgenröt die leügt nit
Ain bauchete magt treügt nit
Die röt bedeüt ain regen oder wind
So ist die magt faißt oder tregt ain kind
ℭ Wenn in der sonnen nidergeen
Rot wolcken an dem hymel steen
Der tag darnach würt gwonlich schön
ℭ Wenn den hunden die beüch kurren
Vil graß essen / greinen vnd murren
So bleibt selten vnderwegen
Es volgt darauff bald ain regen
ℭ So die hund das graß speyen
Vnd die weiber über die flöch schreyen
Oder sy die zeehen jucken
Thut naß wetter zuher rucken
ℭ Mich hatt ains mals ain paur gelert
Vnd ich habe auch zum tail bewärt
So die höltzer vnd die hecken
Schwartz scheinen / regen erwecken
ℭ Weil der peürin das muß anbrint
Vnd nachts vnruwig seind die kind
Bedeütet regen oder wind
ℭ Wenn der rauch nit auß dem hauß will
So ist vor augen regens zil
ℭ Wen die bachenstuck thun rinnen
Vnd die magd entschlaffen am spinnen
Vnd das saltz lind vnd welch würt
An dem man gwiß ain regen spürt
ℭ So die Sonn haiß thut stechen
Die kü bisen vnd brommen
Alsbald thun die pauren sprechen
Es würt gewiß ein regen kommen
ℭ Wenn die roß seer beissen die mucken
Bedeüt ain regen von freyen stucken.

Diese Bauernregeln, deren derbe und urwüchsige Sprache genugsam zeigt, dafs sie nicht von einem höfischen Sänger herrühren, sondern aus dem Volke stammen, bieten inhaltlich wenig Neues; aber die Form des gereimten Spruches ist neu und originell. Ich glaube nicht, dafs Leonhard Reinmann irgend welchen Antheil an diesen Regeln hat, aufser dafs er sie zusammengestellt, aber ich vermag auch nicht anzugeben, in welchen deutschen Schriften sich schon früher alle oder einzelne derselben vorfinden. Ich möchte glauben, dafs die Entstehung dieser Reimsprüche der frühesten Periode der Meistersinger, also dem Anfang des 14. Jahrhunderts, angehört. Die Wetterzeichen selbst waren theils durch fortgesetzte eigene Erfahrung, theils durch Ueberlieferung aus dem Alterthum — mehrere derselben finden sich schon in der Bibel — Gemeingut des Volkes geworden. Im frühen Mittelalter wurden manche von den Mönchen in Verse gebracht (Mönchssprüche), und als nun nach der Blüthe der Minnesinger die bürgerliche Dichtkunst der Meistersinger sich auszubilden begann, wurden bisweilen auch so praktische Fragen, wie die Vorhersage des Wetters, Gegenstand der Versbildung.

Der gemeinsame Ursprung der Wetterzeichen macht es durchaus begreiflich, dafs sich die Mehrzahl derselben, wenn auch in verschiedenem Gewande, bei fast allen Nationen wiederfindet.

Bauern-Practica oder Wetter-Büchlein.

In Titel und Inhalt sehr ähnlich dem „Wetterbüchlein" ist ein anderes meteorologisches Volksbuch aus dem Anfang des 16. Jahrhunderts: Bauern-Practica oder Wetterbüchlein, als dessen Verfasser häufig ein gewisser Heyne von Ure bezeichnet wird. Die Bibliographen[*]) nahmen bisher an, dafs die erste Ausgabe desselben aus dem Jahre 1517 stammt („Der Buren practica gemacht / vff das Funfftzehenhundert. vnd. XVIII. Jar." 4 Blatt 4°). Ich habe indessen durch Textvergleichungen gefunden, dafs wir darin wahrscheinlich nur die erste schweizerische Ausgabe der Bauern-Practik vor uns haben und dafs dieselbe aus einem anderen Büchlein hervorgegangen ist, welches den Titel führt:

> In bifem biechlein wirt ge-
> funden der pauren
> Practic vnnd
> regel darauff fy das gantz
> Jar ain auffmercken
> haben vnnd
> halten.

---

*) Weller im „Serapeum, Zeitschrift für Bibliothekswissenschaft", Jahrg. 1858 S. 198 und im „Repertorium typographicum", S. 126, welcher Angabe auch ich in meinem „Repertorium der deutschen Meteorologie" Sp. 202 gefolgt war.

Eine Ausgabe dieser Schrift vom Jahre 1514 besitzt die Königliche Bibliothek in Berlin, aber es existiren noch frühere aus den Jahren 1508 und 1512. Da der Inhalt dieses kleinen Quart-Büchleins von nur 6 Blättern, mit Ausnahme einiger Zeilen am Schluſs, welche die 12 „guten Freitage" des Jahres angeben, rein meteorologisch ist, hat es den Anschein, als ob wir es mit einer Art von Konkurrenzschrift zum gleichzeitig erschienenen „Wetterbüchlein" zu thun hätten. Beide Publikationen können sich aber gegenseitig nicht viel geschadet haben; denn auch die Bauern-Practica hat fast ebenso viele Ausgaben erlebt, wie das oben besprochene Wetterbüchlein.

In den allerersten Ausgaben (1508, 1512, 1514) wird gar kein Verfasser genannt, und in der Baseler Ausgabe vom Jahre 1517 heiſst es, daſs einem alten frommen Manne, genannt Heyne von Ure, der eine Kapelle und ein Bruderhaus auf dem St. Gotthardt gebaut, diese Practica vom Engel Raphael geoffenbart worden sei. Die Autorschaft dieses sonst ganz unbekannten Mannes scheint also ein specifisch schweizerischer Zusatz zu sein; aber es ist Thatsache, daſs auf den meisten späteren Ausgaben der Bauern-Practica dieser Name in verschiedenen Formen wiederkehrt.

Noch mag erwähnt werden, daſs das Buch anfangs in Quart-, später in Oktav-Format (das „Wetterbüchlein" stets nur in ersterem) erschien und daſs sein Inhalt allmählich stark vermehrt wurde, während der des „Wetterbüchleins" unverändert blieb. Aber beide Schriften haben das gemeinschaftlich, daſs sie ausschliefslich in Ländern deutscher Zunge Verbreitung fanden; fremdsprachliche Uebersetzungen sind von ihnen nicht gemacht worden.

Die Wettervorhersagungen der Bauern-Practica beruhen nicht auf „natürlichen Zeichen", wie beim Wetterbüchlein, sondern auf einem uralten Aberglauben, der, wenn auch in etwas verschiedener Form, bei vielen weit auseinander lebenden Völkern wiederkehrt.

Aus der frühesten Heidenzeit stammt nämlich der Glaube, daſs die zwölf Tage bezw. Nächte von Weihnachten bis zum Dreikönigstag für die Witterung des folgenden Jahres entscheidend seien, und zwar soll der Witterung eines jeden dieser Schicksalstage der Reihenfolge nach die Witterung der zwölf Monate des neuen Jahres entsprechen. In einigen Gegenden werden auch die 12 Tage vor Weihnachten oder nach Neujahr als entscheidend angesehen. Fast überall aber legt man den atmosphärischen Vorgängen während der Christnacht eine ganz besondere prognostische Bedeutung bei. Diese Beziehung aufs Weihnachtsfest ist natürlich nur eine der christlichen Kirche entnommene äufserliche und ganz zufällige Beigabe, da dasselbe in die Zeit der Wintersonnenwende fällt, welcher das erste grofse Opferfest des Wodandienstes, das Julfest, angehörte.

Nach einer kurzen, meist gereimten Einleitung beginnt die Bauern-Practica mit folgendem Abschnitt:[10])

„Wie die Witterung des ganzen Jahrs in Weihnachten zu erkennen sei."

„Zum ersten an der Christnacht."

„Ist der Abend und auch die Christnacht klar,
Ohn' Wind und Regen, so nimm eben wahr,
Denn das Jahr bringt Weins und Frücht gnug,
Welches nicht gerechnet wird vor ein Lug,
Wirds aber regnen und windig sein,
So bedeuts wenig Kern und nicht viel Wein.
Geht der Wind vom Aufgang der Sonne,
So stirbt das Vieh und Thier ohn' Wonne.
Geht der Wind von der Sonnen Niedergang,
So werden Könige und grofse Herren krank,
Und es wird sie fast wegnehmen der Tod,
Welcher wegnimmt, Arm und Reich, früh und spat,
Geht der Wind von Mitternacht, so freu dich,
Denn es folgt ein fruchtbar Jahr mildiglich
Kommt der Wind in dieser Zeit von Mittag,
So zeigts uns tägliche Krankheit und Klag."

Hierauf folgen Prognosen des allgemeinen Witterungscharakters des ganzen Jahres, je nachdem der Christtag auf einen Sonntag, Montag . . . . . . Sonnabend fällt. Nun kommt die eigentliche Bauern-Practica: „Der Bauern-Practica steht also. Sie heben am Christtag an und merken auf die zwölf Tag bis an den obersten. Und wie es wittert an jeglichem der zwölf Tage, so soll es auch wittern an seinem Monat, der ihm zugehört . . . .", was weiterhin auch in Versen ausgedrückt wird. Nachdem noch andere ähnliche Regeln mitgetheilt worden sind, folgt eine grofse Anzahl von gereimten Bauernregeln, welche an einzelne Tage der Monate anknüpfen, also mit dem heidnischen Aberglauben der Tagwählerei einen gewissen Zusammenhang haben, wenn andererseits auch nicht geleugnet werden kann, dafs hin und wieder eine auf Beobachtungen beruhende langjährige Erfahrung in denselben zum Ausdruck kommt. So heifst es z. B. vom März:

---

[10]) Die folgenden Anführungen sind einer neueren Ausgabe (ohne Jahreszahl) entnommen.

„Wieviel Nebel seyn im März
Soviel Güsse sind im Jahr ohn' allen Scherz,
Wieviel Thau im Märzen vom Himmel steigen
Soviel sich Reiffen nach Ostern zeigen,
Und soviel Nebel im August kommen,
Das merck zu deinem großen Frommen."

u. s. w.

An den Mai knüpfen sich folgende Regeln:

„Scheint die Sonn am St. Urbanstag
So wird der Wein gut als ich dir sag
Regnet es, so wirds zu Schaden gewandt
Welches durch geübte Erfahrung wird erkannt.
Item Pfingstregen thun selten gut,
Diese Lehre faß in deinem Muth,
Am Ende des Mai blühen die Eichen,
Geräth die Blüth wohl, so merk das Zeichen,
Denn uns darnach gar ein Schmalz-Jahr kümmt,
Solches hat sich manch' alter Mann berühmt."

Beim November wird eine Regel angegeben, nach der man erkennen kann, ob der Winter kalt oder warm sein wird.

Hinter dem Christmonat folgen Wetterregeln, welche sich an den St. Jakobstag knüpfen, solche, welche den Mond betreffen und einige allgemeiner Natur; darauf wieder die zwölf Schicksalstage mit ihrem Sonnenschein, der weniger das Wetter als die äufseren Lebensverhältnisse im nächsten Jahre beeinflufst, schliefslich ein Kapitel „Von den Winden der zwölf Nächte", denen eine gleiche Bedeutung zukommt. Ich möchte hier daran erinnern, dafs noch heute in China der Wind, welcher zu Anfang des Jahres bezw. in der Sylvesternacht (nach unserem Sprachgebrauch) weht, als entscheidend für die Witterung des ganzen Jahres angesehen wird.

Das ist der wesentliche Inhalt der Bauern-Practica in ihrer ursprünglichen Form. In späteren Ausgaben hat man allerlei hinzugefügt, was dem Bauern zu wissen lieb war und was die Marktfähigkeit des Buches erhöhte, namentlich medizinischen und astrologischen Aberglauben, so dafs sein Umfang allmählich bis zu 96 Seiten anschwoll.

Practica und Prognostica.

Keine Abtheilung der meteorologischen Litteratur ist so reichhaltig wie die der Practica und Prognostica. Es sind dies Schriften, welche, abgesehen von der Voranzeige einiger astronomischer Erscheinungen, hauptsächlich den Zweck haben, das Wetter auf ein oder mehrere bestimmte Jahre vorherzusagen. Daneben enthalten sie auch häufig Prophezeiungen ganz allgemeiner Natur über Krieg, Theuerung, Pestilenz u. dergl. Wenn man bedenkt, dafs allein in Deutschland während des 16. Jahrhunderts nahezu 500 verschiedene Practica erschienen, so wird man den ungeheueren Umfang dieser Art von Litteratur schon einigermafsen begreifen. Ich habe in meinem „Repertorium der deutschen Meteorologie, Leipzig, W. Engelmann, 1883" zum ersten Male versucht, eine Bibliographie dieser Schriften für Deutschland zu geben, aber bei der grofsen Seltenheit der älteren Practica ist es aufserordentlich schwer, eine absolute Vollständigkeit zu erreichen. Aus diesem ersten Versuch geht jedoch mit Sicherheit schon soviel hervor, dafs Deutschland der zweifelhafte Ruhm zukommt, die gröfste Zahl von Praktiken produzirt zu haben. Während in Italien, welchem in dieser Beziehung zeitlich der Vorrang gebührt, bereits zu Ausgang des 15. Jahrhunderts diese Litteratur ihren Höhepunkt erreicht, fällt die Blüthezeit der deutschen Prognostiken ins Jahrzehnt von 1586 bis 1595, also vor etwa drei Jahrhunderten. In diesem Decennium kamen nicht weniger als 140 verschiedene selbstständige Praktiken, im Jahre 1590 allein deren 19 heraus!

Die ersten Praktiken erschienen in lateinischer Sprache, waren also nicht für die grofse Masse des Volkes bestimmt; aber schon vor Ende des 15. Jahrhunderts fehlte es nicht an solchen in deutscher Sprache, deren Titel darum gewöhnlich mit den Worten beginnt: „Practica teutsch". Doch wechselt auch dieser Titel aufs mannigfaltigste; so liest man z. B. „Prognosis astronomica, Das ist: Von Natür- und vermuhtlicher Eigenschafft der Witterung . . . .", oder „Diarium astrologicum & meteorologicum Oder Grofse Practica auf das . . . Jahr . .", oder „Bedeutnis vnd Offenbarung warer hymlischer Influxion" u. s. w.

Es würde zu weit führen, diese und andere Aeufserlichkeiten der Praktiken-Litteratur hier weiter darzulegen; sehen wir uns dafür lieber den Inhalt einmal etwas genauer an. Ich wähle dazu ein in meinem Besitz befindliches Prognosticon des fränkischen Pfarrers Georg Caesius, welcher von 1561—1601, d. h. von seinem 19. Jahre bis kurz vor seinem Tode Jahr für Jahr derartige Schriften veröffentlicht hat.

Das Format ist, wie fast bei allen Praktiken, Klein-Quart; der Umfang beträgt 12 Blätter.

Der Titel ist auf der folgenden Seite in Facsimile wiedergegeben.

Prognosticon Astrologicum,

Oder

Teutsche Practica / Von
den vier Zeiten / Finsternussen vnd andern zu=
fellen / dises nach Christi vnsers Herrn vnnd Seligma=
chers Geburt M. D. LXXX. Jars / Nach Erschaffung der Welt /
5542. Auß warem grund der Astronomen mit sonderm fleiß vnd auff
das kürtzst beschriben vnd gestellet / zu Glückseliger Regirung /

Dem Durchleuchtigen / Hochgebornen Für=
sten vnd Herrn / Herrn Georgen Friderichen / Marggraffen zu
Brandenburg / in Preussen / zu Stetin / Pomern / der Cassuben vnd Wenden / Auch in
Schlesien zu Jegerndorff / vnd ic. Hertzogen / Burggraffen zu Nürn=
berg / vnd Fürsten zu Rügen / ic. Meinem Gne=
digen Fürsten vnd Herrn.

Durch M. Georgium Cæsium zu Leuterohausen.

Mars. Finsternnß des Mons im Löwen.

In der dem Markgrafen **Georg Friedrich** von Brandenburg gewidmeten Vorrede bezieht sich **Caesius** zunächst auf die Bücher Salomonis (7. u. 8. Kapitel) und singt das Lob der Astrologie, welche nach Salomo „Signa et Prodigia praenoscit, eventusque tempestatum et temporum“, dann macht er auf die Finsternifs des Mondes im Zeichen des Löwen aufmerksam und empfiehlt schliefslich seine „mühselige Arbeit“ der Anerkennung seines Fürsten. Hierauf folgen die Prognostica für die einzelnen Monate des Jahres 1580. Um zu zeigen, welcher Art dieselben sind, wird es vollauf genügen, einen Monat, z. B. den April, hier abzudrucken:

April.

„Der April ist mir verdächtig gnug / vnd bringet vnstets vnd widerwertiges Wetter mit sich. Merck sonderlich auff den 2. was für böß Aprillenwetter erfolgen werde mit Wind / Kalten Regen oder Schne vnnd Kisseln. Aber den 4. 5. 6. wider temperirt / doch Reyffen Den 7. 8. 9. gebet Venus mit dem großem Hundsstern / vnd Humero sinistro Orionis, auch mit den pleiadibus vnd hyadibus vnter / vnd fallen andere Aspect ein / welche ein windigs vngeschlachts böß Wetter / Hagel oder schädliche Kälte bedeuten / doch der tag läng halben mit Sonnenblick / bald wider temperirt den 11. 12. welchs doch kein bestand hat. Dann der □ ♂ ♀ / □ ♄ ☿ auff das New 14. 15. 16. 17. ein sehr windig vñ feucht vnstet Wetter mit Hagel oder Reyffen / den 17. vñ 18. bedeuten Saturnus gebet vmb dise zeit mit dem Aquila vnter / etc. Temperirt den 19. 20. Aber wider trübe Wolcken / feucht windig vnd vnstet den 22. 23. 24. vmb deß ☍ ♃ ♀ · ☍ ♄ ☽ vnd ☌ ♂ ☽ willen. Sonderlich ist mir das ende diß Monats der 26. 27. 28. 29. sehr verdächtig / dieweyl dise widerwertige schein □ ♃ ♂ / vnnd der böse genierdte schein ♄ gegen der ☉ im ♒ vnnd ♉ einfallen / bedeuten ein trüb vngeschlacht Wetter mit Schne / Kisseln vnnd Regen / oder da es andern Aspecten nach solte hell am Himmel sein / wird es schädliche Reyffen oder sonst böse Nebel geben Daß ich also zu diser Zeit deß Weinstocks vñ der Baum blüt große sorge trage. Gott der Allmächtige gebe daß die kalten Reyffen durch ein trüb Regenwetter hinweg gehen. Vor einem Jar hat es den 16. Aprilis / da diser □ ♄ ☉ eingefallen / Eiß gefroren / vnd ist ein kalt Aprilenwetter von schner vnd Kisseln gewesen. Aber der Wein vnd andere Früchte waren noch nicht herauß / nun aber ist es weiter im Jar. Darumb wir Gott den Allmächtigen / der Himmel vnd Erden / vnnd alles was darinnen ist / erschaffen hat / im Namen seines Sons Jesu Christi von Hertzen anruffen follen / daß er folche vnd andere künfftige Straffen gnädig abwenden / oder ja lindern wolle / etc. Wie ich denn hoffe / es werde gnädig abgehen / etc."

Nachdem in ähnlicher Weise die Witterungsvorhersagungen für die übrigen Monate mitgetheilt worden, folgt ein Kapitel „Von den Finsternissen vnd bösen Aspecten der Planeten, / auch derselben Bedeutungen", ein weiteres „Von der Fruchtbarkeit dieses Jars", worin abermals allgemeine Witterungsprognosen gegeben werden, und ein ganz kurzes Schlufskapitel „Von Krankheiten".

In anderen Praktiken spielt die Vorhersage des Wetters keine so grofse Rolle, wie in der eben angeführten von Caesius, sondern überwiegen mehr Prophezeiungen politischer und sozialer Natur. In dieser Beziehung macht man mit grofser Vorliebe Anspielungen auf zwei welterschütternde Fragen, die Reformation und die Türkenkriege. Dieser Art ist z. B. die mir vorliegende Practica des Georg Ursinius aus Plauen, „der Mathematischen Kunst ein Liebhaber" für die Jahre 1580—1600. Vom Jahr 1580, demselben Jahr, für welche auch des G. Caesius Practica gilt, prophezeit Ursinius als Wirkung „der Finsternufs mit sampt den bösen Configurationibus der Obern Planeten" nichts weniger als „allerley Jammer, angst vnd not, Theurung, Hunger, Sterben vnd Pestilentz / auch grofs Blutvergiefsen, Tod, Mord vnnd Brandt. Vnd (wie Proclus Diadochus schreibet) bedeuts / das ein grofser Kriegsherr nach hohem Imperiment sterben wirt . . . . . . Alle ding werden Theur sein / vnd die Früchte vbel gerahten."

Diese Proben lassen schon zur Genüge erkennen, welch' Geistes Kind die Practica und Prognostica sind: zum weitaus gröfsten Theil Erzeugnisse astrologischen Aberglaubens, zu dem sich abwechselnd etwas Erfahrung und viel Phantasie hinzugesellen. Die Erfahrung bekundet sich bei obigem Beispiel aufs trefflichste in der gut gelungenen Schilderung des allgemeinen Witterungscharakters des April, dessen sprichwörtliche Launenhaftigkeit auch ohne systematische meteorologische Aufzeichnungen zum Bewufstsein gekommen ist; die Astrologie verführt zur Aufstellung der speziellen Prognosen für einzelne Tage und Zeitabschnitte; die Phantasie endlich läfst Theurungen entstehen, Fürsten sterben u. s. w.

Es würde zu weit führen, und liegt auch aufserhalb des Rahmens dieser Darstellung, die in den Praktiken zu Tage tretenden astrometeorologischen Vorstellungen bis auf ihre ersten Anfänge in Babylon zurück zu verfolgen, so interessant es auch vom kulturhistorischen Standpunkt wäre, diese Art der „menschlichen Narrheit" sich entwickeln und ausbreiten zu sehen. Dagegen liegt es nahe, zu erwägen, warum gerade in jener Zeit die Praktiken-Litteratur zu so aufserordentlicher Blüthe gelangte. Man könnte glauben, dafs das astrologische System — etwa durch die Araber — zu gröfserer Vollkommenheit gebracht worden wäre und mehr faktische Erfolge als bisher erzielt hätte. Das ist indessen keineswegs der Fall; denn die gröfsere Kompliziertheit, welche das System bei den Arabern erlangte, hatte es darum noch nicht richtiger gemacht. Man stellte die Practica im 15. und 16. Jahrhundert wesentlich noch nach denselben Grundsätzen der Astrologie auf, welche sich schon in den Schriften der Griechen und Römer finden. Man hatte aber jetzt nach Erfindung der Buchdruckerkunst die Möglichkeit, diese Grundsätze Jahr für Jahr fortwährend aufs neue zu bethätigen. Wie die Buchdruckerkunst durch die schnelle und massenhafte Verbreitung von Flugschriften, z. B. die Reformation und andere Bewegungen aufs kräftigste unterstützt, ja überhaupt ermöglicht hat, so gewann auch durch die gesteigerte Verbreitung der Praktiken und Prognostiken der uralte Glaube von dem Einflufs der Gestirne auf die Erde und ihre Bewohner von neuem wieder Nahrung in breiteren Schichten der Bevölkerung. Dazu kam, dafs die Astrologie mehr als je bei den Grofsen der Erde in Ansehen stand; viele Fürsten hielten sich eigene Leib-Astrologen, ohne deren Befragung kein wichtiges Unternehmen begonnen wurde. Was Wunder also, wenn das Volk sich darnach richtete und speziell auch die astrometeorologischen Vorstellungen immer mehr an Boden gewannen. Und war es nicht für den Landmann, der mit dem Erfolg seiner Arbeit so sehr von der Witterung abhängt, etwas überaus Verlockendes, in den Praktiken und Prognostiken das Wetter des nächsten Jahres im Voraus verkündet zu sehen? Sicherlich werden die Wetterpropheten damals schon ebenso gut wie noch heute mit der menschlichen Schwäche zu rechnen gewufst haben, dafs man nicht Eingetroffenes gar bald vergifst, Treffer aber immer der Theorie bezw. dem Propheten zum Guten rechnet. Zwar fehlte es nicht an einsichtsvollen Männern, welche das Trügerische der Praktiken erkannten und gegen dieselben zu Felde zogen. Schon zu Ende des 15. Jahrhunderts schrieb der Italiener Pico della Mirandola ein gar treffliches Buch „Adversus astrologiam . . .", dem noch andere ähnliche Schriften in allen Kulturländern Europas folgten; aber leider noch viel mehr Gelehrte schrieben Bücher mit dem Titel „Apologia astrologiae". Ein so tief eingewurzelter, Jahrtausende alter Aberglauben war eben nicht so leicht auszurotten, und wenn er auch in der Mitte des 17. Jahrhundert zu erlöschen schien, da später nur noch ganz vereinzelt selbstständige Praktiken publizirt wurden, so blieb er in anderer Form doch noch bestehen. Als es nämlich allgemeine Sitte geworden war, alljährlich Kalender herauszugeben — die ersten jährlichen Kalender, also nicht immerwährende, rühren aus der Mitte des 16. Jahrhunderts — fand man es vortheilhafter, die bis dahin für sich erschienenen Praktiken mit den Kalendern zu einer einzigen Publikation zu vereinigen und damit ein doppelt nützliches Büchlein dem Volke zu bieten. Noch bis zum Ende des vorigen Jahrhunderts fehlt in keinem der zahllosen verschiedenen Kalender als zweiter wesentlicher Theil desselben die „Praktik", meist sogar mit besonderem Titelblatt versehen.

Wenn man bedenkt, dafs der Kalender das verbreitetste Buch ist, verbreiteter selbst als die Bibel, so wird man begreifen, warum das Volk noch heute mit so erstaunlicher Zähigkeit an diesem und ähnlichem Wetteraberglauben festhält.

Die Verfasser der Praktiken waren gewöhnlich Geistliche, Lehrer und Aerzte, welch' letztere die Astrologie auch zu ihren Kuren gebrauchten, häufig aber auch Litteraten aller Art, die einen blofsen Broderwerb daraus machten und von der Sache selbst sehr wenig verstanden. Zur letzteren Gattung gehörte z. B. der Wiener Johann Rasch, der in der Vorrede zu seiner „Practica Auff das großwunder Schaltjar. 1588"[1]) mit rührender Naivität gesteht, wie er sich durch die Aussprüche alter grofser Meister in der Astrologie habe täuschen und irreführen lassen; auch beschwert er sich darüber, dafs die sommerlichen Strichregen es fast unmöglich machen, eine allgemein richtige Praktik zu stellen.

„Zum dritten — fährt er fort — hat mich offt verführet oder zweiflich gemacht / die new erfahrung in der kunst selbst / oder die prob etlicher sachen vnd vrsachen auff vnser Lands art / so von den Alten nit ergründet / oder nit beschriben / oder ich es doch in Büchern noch nit finden kündte / als wie der astrologus sagt / Wann draco ist im Schützen / vnd der Mon ist in seinem kopff oder Schwantz / denselben tag (nach gelegenhait der jarszeit) regnets oder schneit es gewiß / vnnd das fehlete mir

---

[1]) Nach Prophezeiungen alter Astrologen sollte das Jahr 1588 grofse Veränderungen mit sich bringen. Es hiefs von ihm

Jn Tausend jahren diser art
Der Himel nie gesehen ward /
Die Alten habens lang prophezeyet /
Alles werd sein vol hertzens laid.
Wirstu das end der Welt nit sehen /
So wird doch groß ändrung geschehn.

nie / Aber in andern zaichen / barein der Druck verruckt / wolte mir nimmer zutreffen / es fehlete so offt ich vorige witterung setzte".

Nachdem Rasch noch andere Gründe des Mifslingens mancher Vorhersagen angeführt, schliefst er seine Vorrede mit folgendem naiven Geständnifs, aus dem man entnehmen kann, wie gewerbsmäfsig oft Praktiken zusammengeschrieben wurden:

„Zum ſibenden vnnd letzten / mich vnnd andere Calenderſchmid betreugt / oder vil mehr / verhindert in der wahrheit vnd gewißheit offtmals die eilung / als ich von mir ſagen darff / das ich anfans meines Calenderſtellens mit raitten / leſen / ſuechen / vnd nachdenken / allein zu der witterung / offt wol 5. wochen zubracht / damit ich ein wenig mit ehren beſtanden / vn alſo waren die erſten die beſten / jetzt aber nun nit gern 5. ſtund oder ein halben tag bran wende / Got geb / wie es gerathe / wann es halt nur ein Calender vnd Practic iſt. . . ."

So ehrlich und aufrichtig wie Johann Rasch gestehen andere Verfasser ihre Irrthümer nicht ein, soviel Praktiken ich auch darauf hin durchgesehen habe. Im Gegentheil ist die Mehrzahl derselben bemüht, die begangenen Fehler zu vertuschen, und oft dreist genug schwarz in weis verkehren zu wollen. Allerlei sophistische Ausflüchte müssen dazu herhalten, um zu beweisen, dafs die verfehlte Vorhersage im Grunde genommen doch richtig war. Eines der grofsartigsten Beispiele dieser Art knüpft sich an die von Stöffler ausgegebene Prophezeiung einer Art von Sündfluth für das Jahr 1524. Der Fall ist so überaus charakteristisch für die damalige Anschauungsweise und beleuchtet so treffend die den Praktiken beigelegte Bedeutung, dafs ich glaube etwas näher auf denselben eingehen zu müssen. Ich benutze dazu die bezüglichen Mittheilungen des eben genannten Johann Rasch, sowie die von Naudé (Apologie pour les grands hommes soupçonnés de magie. Amsterdam 1712. 12⁰) und von unserem engeren Landsmann Moehsen (Geschichte der Wissenschaften in der Mark Brandenburg. Berlin 1781. 4⁰).

Der Tübinger Professor der Mathematik Johann Stöffler, welcher sich um die Astronomie vielfach sehr verdient gemacht hat, kündigte im Jahre 1518 in einem an den König Karl I. von Spanien den späteren Kaiser Karl V., gerichteten Prognostikon eine allgemeine Sündfluth auf das Jahr 1524 an, weil eine Konjunktion des Saturn, Jupiter und Mars im Zeichen der Fische eintreten würde. Diese Prophezeiung des berühmten Mannes machte in ganz Europa aufserordentliches Aufsehen. Kaiser Karl V. und sein Hof gerieth selbst in Sorgen, zumal andere Astrologen, wie Virdung, Alexander Seiz u. a. die

Prophezeiung Stöfflers bekräftigten. Der Grofskanzler des Kaisers frug den damals gelehrtesten Mann von ganz Spanien, den berühmten Peter Martyr[12] († 1525), um Rath. Dieser antwortete, dafs das Unglück nicht so allgemein sein werde, jedoch möchte die Vereinigung der Planeten eine grofse Unordnung in der Welt verursachen. Vielleicht bezieht sich hierauf folgende Schrift, die ich allerdings nur dem Titel nach kenne: „Ein trostliche Practica Maister Peter Ceruol ausz Hiszpanien an den durchleuchtigstē Fürsten .... Dasz disz jar XV hüdert XXIIII keyn sindfluth kummen wird". Getruckt zu Nurnberg durch Frederichen Peypus. 4 Blätter in 4°. Da der Kaiser durch diese Antwort keineswegs beruhigt wurde, bewogen seine Hofleute den nicht minder berühmten italienischen Gelehrten Augustin Niphus (italienisch Nifo), die Stöfflersche Prophezeiung mit Gründen zu widerlegen. Niphus that dies in einer Schrift „De falsa diluvii prognosticatione", welche viermal neu aufgelegt wurde; die Ausgabe „Venetiis 1523", welche ich besitze, schliefst mit den Worten: „cum coelestes causae sint leves, non enim solaribus eclypsibus sunt corroboratae, et meteorologica signa nec adsint, nec adesse possint, diluvium aut nullum futurum esse, aut esse secundum modum loquendi meteorologicorum, qui diluvium dicunt imbrium excessus, non autem humani generis destructionem". Der Kaiser und sein Grofskanzler beruhigten sich damit, allein sein General, Graf Rango, der sehr viel von der Astrologie hielt, besorgte, dafs der Kaiser durch das von Niphus abgegebene Gutachten zu sicher werden und die Rettung der Armee, die nach seiner Idee sich auf die höchsten Berge begeben müfste, ganz und gar versäumen möchte. Der General veranlafste deshalb einen anderen italienischen Gelehrten, Michael de Petra Sancta, zu einer Gegenschrift, in der Stöfflers Prophezeiung wieder bestätigt wurde. Die Furcht vor der Sündfluth war in Europa so grofs, dafs nach Naudé (a. a. O.) in Frankreich viele Menschen den Verstand darüber verloren. Ein jeder suchte sich zu retten. Viele, die am Meer oder an grofsen Flüssen Güter hatten, verkauften ihr Eigenthum und begaben sich auf höhere Berge. Andere, wie z. B. der Präsident Blaise d'Auriol in Toulouse, bauten sich eine Arche, um sich und ihre Familie zu retten. Hingegen traf, wie schon Martin Luther in seinen Tischreden erzählt, der Wittenberger Bürgermeister Hendorf umfangreiche Rettungsanstalten auf dem Boden seines

---

[12] Eigentlich Pietro Martire d'Anghiera, latinisirt Petrus Martyr Anglerius.

Hauses, auf den er auch ein Viertel Bier hinaufziehen liefs, „um wenigstens einen guten Trunk zu haben, wenn die Sündfluth käme."

Endlich trat der mit Furcht und Zagen erwartete Februar des Jahres 1524, in welchem die sündfluthartigen Regengüsse beginnen sollten, ein. In den meisten Ländern war der Himmel heiter und schön, es regnete nur vereinzelt, die Sündfluth blieb aus.

Man sollte glauben, dafs die Astrologie durch diesen gründlichen Mifserfolg einen argen Stofs erlitten und auch Stöffler seinen Ruhm eingebüfst hätte. Ganz im Gegentheil. „Die Mönche, welche aus Angst mehr als gewöhnlich gefastet und gebetet hatten, schrieben es ihren guten Werken zu. Die gelehrten Theologen, welche Neigung zur Astrologie hatten, fanden in der Bibel, dafs dem Noah versprochen worden, es sollte keine Sündfluth mehr kommen, und nun begriffen erst die Astrologen, warum die arabischen Sterndeuter, die in ihrer Kunst so berühmt und gelehrt gewesen, öfters Sündfluthen verkündigt hatten, die nicht gekommen wären; und das Wunder war um so viel gröfser, weil Zeichen am Himmel gestanden, die nothwendig eine Sündfluth verursachen müssen, und dennoch war sie zum Heil des menschlichen Geschlechts ausgeblieben. Sowohl die Märkischen als andere Geschichtsschreiber wollten doch nicht, dafs diese vielbedeutenden Zeichen vergebens dagewesen wären, und merkten bei diesem Jahre an, dafs zwar die Sterndeuter aus den vielen Konjunktionen in den wässrigen Zeichen eine Sündfluth prognostiziren wollten: man müfste solches aber als Vorboten des Aufruhrs der Bauern ansehen, welcher gleich im folgenden Jahre seinen Anfang genommen hätte. Kurz ein jeder suchte Gründe hervor, die ihn darüber beruhigten, und fast alle waren so beschaffen, dafs sie nicht den Ungrund der Astrologie zeigten, sondern sie vielmehr entschuldigten" (Moehsen).

Schliefslich mag nicht unerwähnt bleiben, dafs viele Prognostiken-Schreiber und Verleger es vortheilhafter fanden, gleich für mehrere Jahre zusammen Praktiken herauszugeben, die dem Käufer billiger zu stehen kamen, als wenn er jedes Jahr eine besondere kaufen mufste. Noch andere schrieben immerwährende Prognostica, welche den Gebildeteren die Mittel an die Hand geben sollten, sich selbst in jedem Falle die Prognose stellen zu können. Von diesen führe ich nur die eine an, welche ausschliefslich auf dem Mond basirt und darum als ein Vorläufer der Schriften von Overzier u. A. zu betrachten ist. Sie hat den nachmaligen Bürgermeister von Görlitz, Barthol. Scultetus, zum Verfasser, erschien ebenda im Jahre 1572 und führt den Titel: Prognosticon Meteorographicum Perpetuum. Ein ewig werend Prognosticon Von aller Witterung in der Lufft vnd den Wercken der andern Element: So viel betrifft die ankunfft, natur vnd wirckung aller Wind Regen Schnee Thaw Reiff Dunst Nebel etc. Durch die vier Quarten der Zeiten des Jares nach des Monden Lauff In allen seinen Newen Vollen vnd Viertelscheinen . . . . . ." Diese Schrift, welche das ermuthigende Motto „Inventuris non obstant inventa" trägt, lehrt, vom März angefangen bis zum Februar, aus dem jedesmaligen Alter des Mondes die Witterung vorherzusagen.

Auch der deutsche Dichter und Satiriker Johann Fischart schrieb eine immerwährende Practica, in Nachahmung der von dem Franzosen Rabelais für einige Jahre herausgegebenen „Prognostication pantagrueline", aber freilich nicht in der Absicht, das Wetter vorherzusagen, sondern um sich über die Praktikenschreiber lustig zu machen. Sein Büchlein, welches den Titel führt „Aller Practik Großmutter. Ein difgeprodte Newe vnnd trewe, laurhaffte vnnd Immerdauerhaffte Procdid . . . ." und zuerst ebenfalls im Jahre 1572 erschien, hat wahrscheinlich mehr dazu beigetragen, die Astro-Meteorologie in Verruf zu bringen, als die gelehrten Abhandlungen der Fachmänner. Ich will nicht unterlassen, eine kleine Probe aus Fischarts Schrift hier wiederzugeben:

„Gewitter."

„Das Thonnern würd meh gethümmels han, dann der plitz. Wann es regnet würd es weniger bestäubt schuch geben. Haltet die Münch zu hauß, dann kommen sie auß, so regnets oder will anfangen drauß. Im grossen regen werden sich die weiber hinden auffdecken, auff das sie das haupt verstecken. Wann der Hagel als erschlagen hat, So ist das Wetter läuten [13]) zu spaat. Man kent das wetter an dem Wind, die fraw nach dem gesind. Den gebichten vnd gefürnißten Narren würd kein Regen schaden, es sey dan das sie warm baden."

Das Wetter im Kalender, insbesondere der „Hundertjährige Kalender".

Man begegnet sehr häufig der Meinung, dafs die Wettervorhersagungen im Kalender erst seit der Entstehung des hundertjährigen Kalenders existiren. Das ist nicht richtig. Schon im grauen Alter-

---

[13]) Bezieht sich auf den alten christlichen Brauch, bei Gewitter die Glocken zu läuten, um Schaden abzuwenden. In abgelegenen katholischen Gegenden hat sich dieser Aberglaube bis heute erhalten. Bezug darauf nimmt die bekannte Glockeninschrift „Fulgura frango", die sich auch in dem Motto zu Schillers Lied von der Glocke befindet.

thum finden sich derartige Witterungsangaben in den zur Regelung
der Zeitrechnung vorgesehenen kalenderartigen Einrichtungen. Sehen
wir ganz ab von den entsprechenden Vorkehrungen der Babylonier,
wie sie die Entzifferung der neuen Keilschrift-Funde wahrscheinlich gemacht hat, so wissen wir aufs bestimmteste von Meton, dem Reformator
des griechischen Kalenders im 5. Jahrhundert v. Ch., dafs er in seinem
neunzehnjährigen Kalender zu den Auf- und Untergängen vieler aus-
gezeichneter Sterne die Winde und den Wechsel der Witterung —
ἐπισημασίαι —, womit sie im Klima Athens der Regel nach begleitet
sind, hinzufügte. Nach dem bereits oben zitirten Theophrastos
(περὶ σημείων ὑδάτων) war sein Lehrer Phaeinos einer der ersten, die
dergleichen meteorologische Beobachtungen angestellt hatten, welche
von nun an in keinem griechischen Kalender fehlen durften. Wie
Ideler in seinem „Handbuch der mathematischen und technischen Chro-
nologie", I S. 314, bemerkt, bedeutet das Wort ἐπισημασία eigentlich
die Anzeige der Ankunft und wird besonders von den Veränderungen
der Witterung gebraucht, womit sich die auf- und untergehenden
Sterne ankündigen. Das entsprechende lateinische Wort ist significare.
„Ursprünglich betrachtete man die Fixsternerscheinungen nur als Signale
der Witterungswechsel, und konnte es mit Recht, insofern gewisse
Hauptwechsel zu gewissen Zeiten des Sonnenjahrs einzutreten pflegen.
Man kam aber bald dahin, dieselben als Wirkungen der Auf- und
Untergänge der Sterne, mit denen sie sich gleichzeitig einstellen, an-
zusehen, ein Wahn, der sich bis auf die neuern Zeiten erhalten hat,
nur mit dem Unterschiede, dafs man allmählich die Planeten in ihren
Aspekten oder verschiedenen Stellungen untereinander oder gegen die
Sonne für die Fixsterne gesetzt hat" (Ideler).

Gegen diesen aus dem Orient stammenden astro-meteorologischen Aberglauben, der in der oben besprochenen Praktiken-Litteratur
seine höchste Blüthe erreichte, wandte sich schon der etwa ein halbes
Jahrhundert v. Ch. lebende griechische Astronom und Meteorologe
Geminos im 14. Kapitel seiner Einleitung in die Astronomie (Εἰσαγωγὴ
εἰς τὰ φαινόμενα), welche heute noch lesenswerth ist. Aus seinen Ausführungen [14]) geht deutlich hervor, erstens, dafs schon lange vor ihm
ziemlich regelmäfsige meteorologische Beobachtungen gemacht worden
sein müssen und zweitens, dafs man ursprünglich der Meinung war,

---

[14]) Eine bequeme Ausgabe von Geminos Schrift findet man in Petavii
Uranologion. Lutetiae Parisiorum 1630. Fol. S. 1—70, die hier angezogene
Stelle auf S. 56.

„die Aufgänge der Gestirne sind nicht selbst die Ursache der Luftveränderungen."

Metons neunzehnjähriger oder richtiger immerwährender Kalender mit seinen durchschnittlichen Witterungsangaben fand grofsen Beifall und kam bald an öffentlichen Säulen (πήλοι nach Aelian) in Athen zur öffentlichen Ausstellung und Einsichtnahme für das Publikum, eine Einrichtung, die als das Urbild unserer modernen Wettersäulen betrachtet werden kann.

Auch bei den Römern blieb es Brauch, mit dem Calendarium Angaben über den Auf- und Untergang gewisser Gestirne, über Witterungswechsel, über pflanzen- und thierphänologische Erscheinungen zu verbinden, und wenn man z. B. das „Calendarium vetus Romanum" durchgeht, welches Petavius in seinem eben zitirten „Uranologion" (S. 102—110) aus den Schriften von Ovid, Columella und Plinius rekonstruirt hat, so wird man über die Fülle meteorologischer Angaben darin wahrlich erstaunt sein.

Es war daher ein entschiedener Rückschritt, als man in den ersten gedruckten Kalendern (die auch nur immerwährende waren) anstatt dieser auf wirklichen Beobachtungen beruhenden Witterungsangaben blos eine allgemeine Anweisung gab, wie man nach astrologischen Grundsätzen das Wetter vorhersagen könne. So findet sich z. B. in dem von Hans Schönsperger zu Augsburg 1495 gedruckten Kalender, dessen Titel mit den Worten beginnt „In disem teütschen Kalender vindet man gar hübsch nach einander die zwelff zeychen . . . ." auf der Rückseite vom Blatt g ij ein Kapitel „Von den siben planeten wye sy regnyeren nach des mones scheine. vnnd wie sy wetter geben." Aehnliche Abschnitte enthält das berühmte französische Volksbuch „Le grand calendrier et compost des bergers", welches zuerst im Jahre 1493 zu Paris erschien und sowohl in Frankreich, als auch durch Uebersetzungen namentlich in England und in Norddeutschland (Lübeck 1519, Rostock 1523), eine ganz aufserordentliche Verbreitung gefunden hat. Auch der für die besonderen Bedürfnisse der Seeleute eingerichtete „Compost Manuel Calendrier et Almanach perpetuel . . .," von dem ich eine Ausgabe Rouen 1595. 4^0 besitze, bringt zwei sehr ausführliche Kapitel über das Wetter, nämlich „L'Almanach perpetuel pour la temperature du temps" und „Des vingt huit mansions de la lune temperees seches, humides froides ou nubileuses lesquelles changent bien souuent la temperature du temps quand la Lune est en icelles principallement quand elle est aidee à cela par les aspects des Planottes." Von einer ähnlichen deutschen und italienischen Publi-

kation soll später die Rede sein. Hatten also schon die Verfasser der
ersten immerwährenden Kalender den alten astro-meteorologischen
Aberglauben übernommen, so wurde dieser noch weit mehr unter das
Volk gebracht, als der Kalender anfing eine periodische Publikation
zu werden. Zwar hat man schon zu Ende des 15. und zu Beginn des
16. Jahrhunderts Kalender für einzelne Jahre herausgegeben, dieselben
bestanden aber gewöhnlich nur aus einem Blatt in grofs Folio mit
den nothwendigsten Angaben des astronomischen und kirchlichen
Kalenders, nicht unähnlich unseren jetzigen Wandkalendern. Dagegen
existiren Kalender in der ungefähren Einrichtung der heutigen erst
seit der Mitte des 16. Jahrhunderts. Bei der grofsen Seltenheit dieser
Litteratur vermag ich zur Zeit allerdings nicht zu sagen, ob schon die
allerersten jährlich erscheinenden Kalender spezielle Wettervorhersagungen enthielten: doch scheint es mir wahrscheinlich, da bereits Kalender aus den sechsziger und siebenziger Jahren des 16. Jahrhunderts für
solche Angaben eine stehende Rubrik besitzen. Als Beispiel wähle
ich einen Almanach des bekannten Leonhard Thurneifser zum
Thurm, welcher als Arzt, Astrolog und Alchimist im Dienst des
Kurfürsten Johann Georg von Brandenburg stand und damals
eine grofse Rolle in Berlin spielte. Der erste Thurneifsersche Kalender für das Jahr 1572, eine grofse Seltenheit, welche die Königliche Bibliothek zu Berlin besitzt, führt den Titel „Allmanach, sammpt
der Practica auff das 1572. Jar", und enthält Wettervorhersagungen
in gereimter Form, die z. B. für die Tage vom 9.—17. Juli (alten Stils)
folgendermafsen lauten:

  Juli 9 Orion ght herfür gar gschwind /
     Bringt gwönlich vnstet wetter / wind.
  „ 10 Etesiae probromi / nord Ostwind
     Weht fast / wie Plinius verkünd.
  „ 11 In Pommern / Preussen man sich hüt /
     Vor zu vil Cholera / vbrigem geblüt.
  „ 12 Den Orion man gar gantz spürt /
     Dem weib es schwer zugberen wird.
  „ 13 Nafs wetter / gwölfet / nebelicht /
     In Normandy man auffrhur sicht.
  „ 14 Am Hunderück sterbent / vnd vmb Trier /
     Nord / Ost / West / sudwind weht all vier.
  „ 15 Am Himmel erscheint der klein hund /
     Die zeit so nachfolgt / ist nit gsund.

Juli 16¹⁵) Den Orion man aber ſiehṭ /
Bringt guts / drauff iſt er gricht.
" 17 Warm Wetter, ſanffte weiche Wind /
Zu diſer zeit wir warten ſind.

Die meisten Kalendermacher begnügten sich damit, für einzelne Tage die zu erwartende Witterung mit kurzen Worten anzugeben, ähnlich, wie es nach dem Vorbild des 100-jährigen Kalenders noch heute geschieht. Alle diese Angaben basiren natürlich auf demselben astrologischen Aberglauben, der den Praktiken und Prognostiken zu Grunde liegt. Ja oft giebt es von demselben Verfasser für dasselbe Jahr einen allgemeinen Kalender mit solchen Witterungsprognosen und daneben noch eine besondere Praktik. So schrieb z. B. Daniel Origanus, Professor der Mathematik und des Griechischen an der Universität zu Frankfurt a. d. Oder, für das Jahr 1604 einen „Alt vnd New Röm. Schreibcalender . . . .‟ und ein „Prognosticon Astrologiphysicum‟, deren Wettervorhersagungen wenigstens leidlich untereinander übereinstimmen.

Es geht hieraus unzweideutig hervor, dafs die an sich schon umfangreiche Literatur der Praktiken und Prognostiken, welche oben näher gekennzeichnet wurde, nur als ein Bruchstück der Gesammtlitteratur astro-meteorologischen Inhalts aufzufassen ist, welche sich den Charakter einer gewissen Selbstständigkeit gewahrt hat. Ob Kalender, ob Praktik, im Grunde genommen boten beide Arten von Schriften dem Volke denselben Aberglauben dar. Es ist zwar noch nie der Versuch gemacht worden, eine allgemeine Bibliographie des Kalenders herzustellen, aber auch ohne eine solche läfst sich die Zahl der verschiedenen Kalender des 16. und 17. Jahrhunderts zusammen auf mehrere Tausend veranschlagen.

Kann es uns also Wunder nehmen, wenn das Volk, auf welches gerade der Kalender mehr als irgend ein anderes Buch einwirkt — weil es aufser der Bibel und dem Gebetbuch meist das einzige ist, welches der Landmann kauft — in jenen astro-meteorologischen Anschauungen befangen blieb und nach wie vor an dem Einflufs der Ge-

---

¹⁵) Bei diesem Datum macht Thurneisser auf der anderen (linken) Seite des Kalenders, wo meist historische Dinge stehen, eine Bemerkung über seinen Geburtstag, die bisher ganz unbeachtet geblieben zu sein scheint:
„An heut war ich Charactiſer gboren /
Meins alters bey zwey vnd vierzig Jaren.‟

Darnach müfste also Thurneisser am 16. Juli 1530 geboren sein, während die biographischen Handbücher den 6. August 1531 — ich weifs nicht, auf welche Autorität hin — als Geburtstag angeben.

stirne auf das Wetter und auf viele andere Dinge festhielt? Der gemeine Mann hatte nach seiner Meinung am Kalender einen beständigen Hauspropheten und Astrologen, wie sein Fürst. Er fand darin nicht blofs die Vorhersage des Wetters, sondern auch die glücklichen und unglücklichen Tage, die beste Zeit für Säen, Pflanzen, Holzfällen, wenn er Haar und Nägel abschneiden, Kinder entwöhnen, Schröpfköpfe setzen und Aderlassen sollte, kurz eine vollständige Richtschnur für all' sein Thun und Lassen.

Der Kalender spielt darum in der Kulturgeschichte der Menschheit eine viel gröfsere Rolle, als man gemeinhin annimmt, und es wäre sehr erwünscht, wenn endlich einmal eine umfassende und möglichst erschöpfende Geschichte eines der verbreitetsten aller Bücher geschrieben würde.

Nach diesen allgemeinen Bemerkungen über das „Kalenderwettergehen wir dazu über, die Entstehung und Entwicklung des sogenannten Hundertjährigen Kalenders zu betrachten, eines der beliebtesten meteorologischen Volksbücher in Deutschland. Noch bis vor kurzem wufste man wenig Zuverlässiges über ihn und seinen Verfasser; erst eine sehr gründliche bibliographische Studie des Herrn Oberlehrer J. Berthold in Schneeberg (Sachsen) hat volles Licht in diese kulturhistorisch nicht unwichtige Frage gebracht (Bibliographische Beiträge zur Frage über die Entwickelung des hundertjährigen Kalenders im „Centralblatt für Bibliothekswesen", 1891).

Wie schon Körte (Die Sprichwörter der Deutschen. 2. Auflage Leipzig 1861. S. 553) richtig bemerkt hat, ist der alte geheimnifsvolle D. M. K. A. K. L., welchen man auf früheren Ausgaben des Hundertjährigen Kalenders als Verfasser angegeben findet, kein anderer, als Dr. Mauritius Knauer, Abt des Klosters Langheim bei Kulmbach. Der Abt bekundete von jeher eine besondere Vorliebe für mathematische und astrologische Studien und verbrachte seine Mufsestunden in dem „blauen Thurme", einer kleinen, auf der Klostermauer errichteten Sternwarte. Hier mag ihn wohl die erste Idee zur Abfassung seines Kalenders gekommen sein, dessen Konzept im Jahre 1654 beendet war. Es führt den Titel „Calendarium Oeconomicum Practicum Perpetuum, dass ist Beständiger Hausskalender. Aus welchem jährlich die Witterung zu erkennen und nach dero gestalt der Wein und Veldtbau mit Frucht und nutzen anzuordnen, die Mifsjahr zu erkennen, und der bevorstehenden noth weisslich vorzukommen. Auf das Frankenland und sonderlich auf das Stift Bamberg gerichtet", und war ursprünglich für den Oekonomen seines Klosters bestimmt, der unter

Beachtung der darin enthaltenen Vorschriften dem Kloster viel nutzen könne. „Doch erhielt auch jeder Konventual von Langheim und Bonz ein Exemplar desselben, und eine grofse Anzahl soll überdies um unendlich hohe Preise verkauft worden sein. Diese gute Aufnahme des Buches von Seiten des Publikums und die eindringlichen Vorstellungen der Ordensbrüder bewogen Knauer, wenn auch erst nach längerem Zögern, den Kalender durch Druck zu vervielfältigen und für das Volk gemeinnützlicher zu machen" (Berthold). Die erste Drucklegung soll noch vor dem 1664 erfolgten Tode Knauers geschehen sein; doch hat sich bisher kein so frühes Druckexemplar auffinden lassen. Das schliefst indessen nicht aus, dafs es in Wirklichkeit nicht existirt hat, erfahren wir doch aus Bertholds diesbezüglichen Nachforschungen, dafs die älteste bis jetzt bekannte Ausgabe des Knauerschen Kalenders nachweislich nur noch in einem Exemplare, und zwar in der Széchényi-Reichsbibliothek zu Budapest, vorhanden ist. Dieselbe wurde von dem Thüringischen Arzte Christoph von Hellwig besorgt, welcher unstreitig am meisten zur Verbreitung des Knauerschen Kalenders beigetragen hat, und erschien im Jahre 1701 zu Erfurt bei Joh. Georg Starcke. Mit ihr fast ganz übereinstimmend ist eine in meinem Besitz befindliche frühe Ausgabe (Berthold giebt ihr die Ordnungsnummer 3) ohne Jahresangabe des Druckes, welche zu Eisleben bei Andreas Clajus erschien. Der Seltenheit wegen ist der Titel umstehend in Facsimile-Druck wiedergegeben.

Von diesem durch Hellwig besorgten Kalender erschienen nach Bertholds Nachweisungen mindestens 40 verschiedene Auflagen, welche in Titel und Umfang aufserordentlich verschieden sind. Während die ersten Ausgaben 88 bis 96 Seiten umfassen, schwellen die späteren zu 376, ja bis zu 442 Seiten an. Merkwürdiger Weise ist letztere Ausgabe, die 1786 zu Leipzig erschien, ein vom Professor der Astronomie an der dortigen Universität, Chr. Friedr. Rüdiger, verfafster Protest gegen den 100-jährigen Kalender, der gegen den alten Aberglauben aufs lebhafteste zu Felde zieht und dafür allgemein verständliche Belehrungen über astronomische und meteorologische Dinge seinen Lesern bietet. Wenn trotzdem der Titel dieses Buches mit den Worten beginnt „Christoph von Helwig's hundertjähriger Kalender . . .", so mufs man annehmen, dafs buchhändlerische Rücksichten das Weglassen dieser Bezeichnung verboten; es wäre sonst wahrscheinlich nicht gekauft worden.

Die erste Ausgabe des Kalenders, in welcher ausdrücklich Knauer als Verfasser genannt wird, datirt — soweit wir bis jetzt wisson — erst vom Jahre 1704. Er erschien bei Nath. Lümscher zu Culmbach, zählt 88 Seiten und führt einen sehr ähnlichen Titel,

Curiöser Kalender/

Welcher auf das jetzige Seculum, nach Christi Gebuhrt/ neulich von 1701. bis 1801. gestellet/

Darinnen zu finden/

Wie ein jeder Hauß-Vater/ hohes und niedriges Standes/ sein Haußwesen künfftig mit Nutzen einrichten/ und von Frucht- und Unfruchtbarkeit iedes Jahr/ Monat und Tag/ solche gantze Zeit über/ nach der 7. Planeten Influentz/ judiciren möge;

Nebst angefügter kurtzen Anweisung/ zu den unter die Planeten gehörigen Metallen und Mineralien ꝛc. wie auch ihren kräfftigen Würckungen im Menschlichen Leibe.

Ausgestellet von

L. Christoph. Hellwig/

Côlledâ Thur. P. L. Cæs. Phisic. zu Tänstdt.

Eisleben/

Gedruckt und Zufinden bey Andr. Clajo.

wie das oben genannte Knauersche Manuskript. Von dieser zweiten Gattung des Kalenders hat Berthold 90 verschiedene Auflagen als noch vorhanden nachweisen können; man darf aber annehmen, dass es deren mehr giebt. Der genannte Gewährsmann spricht sogar die

Vermuthung aus, dafs der hundertjährige Kalender bis jetzt in etwa 220 verschiedenen Auflagen erschienen ist.

Es giebt in der That sehr wenige Bücher, welche eine so aufserordentliche Verbreitung gefunden haben. Wahrscheinlich hat nur die Bibel und die „Nachfolge Christi" von Thomas a Kempis mehr Auflagen, als der Hundertjährige, erlebt. Wenn man aber bedenkt, dafs dieser Kalender fast ausschliefslich in Ländern deutscher Zunge gebraucht wird, während jene beiden Bücher auf der ganzen Erde verbreitet sind, so bekommt man von der Lebensfähigkeit des hundertjährigen Kalenders einen noch höheren Begriff, namentlich wenn man sich der Thatsache bewufst bleibt, dafs noben dem Kalender als Ganzes ein Theil seines Inhaltes auch in den meisten anderen Kalendern, deren Ausgaben nach Tausenden zählen, immer und immer wieder Aufnahme gefunden hat. Man kommt dann zu der traurigen Ueberzeugung, dafs die Lehren des hundertjährigen Kalenders in Deutschland fast ebenso verbreitet sind, wie diejenigen der Bibel.

Diese Erkenntnifs wirkt um so betrübender, da man weifs, dafs es Irrlehren sind, welche durch den Hundertjährigen in Fleisch und Blut des deutschen Volkes übergegangen sind. Sehen wir uns, um das recht zu begreifen, seinen Inhalt einmal etwas genauer an!

Dem Knauerschen Kalender liegt die Idee zu Grunde, dafs die sieben Planeten des Ptolemäischen Systems — Saturn, Jupiter, Mars, Sonne, Venus, Merkur und Mond — der Reihe nach die Witterung eines Jahres bestimmen nach den Eigenschaften, welche ihnen schon von den Astrologen des Alterthums beigelegt wurden. Dabei wird das Jahr vom Frühlings-Aequinoctium an gerechnet.

Diese siebenjährige Verschiedenheit der Witterung gestaltet sich „insgemein" wie folgt:

Saturn

„ist einer kalten Natur / und etwas wenig trucken"

„Das Saturnische Jahr ist kalt und feucht, denn ob es schon zu gewissen Zeiten etwas trucken, ist es doch mehrentheils mit Regen angefüllet, und daher ein kaltes ungeschlachtes Jahr"

Jupiter

„warm und feucht, mittelmäßig und lüfftig"

„Das ist ziemlich, doch mehr feucht, denn trucken, wenn aber Saturnus, sein Vorfahrer, mit seinem lang-

	wierigen Winter und grimmiger Kälte im Frühlinge noch anhält, giebt es ein spätes Jahr, ob schon Jupiter zu aller Fruchtbarkeit geneigt ist, also, daß mannichmalen in diesem Jahre alle Früchte drey Wochen später, als sonsten in andern Jahren, herfür wachsen"
Mars "sehr hitzig und trucken"	"Es ist mehr trucken dann feucht, dann ob es schon zu gewissen Zeiten regnet, seynd doch mehr trockene Jahre im Marte".
Sonne "Dieser Planet ist mittelmäßig gut, warm und trucken"	"Das Solarische Jahr ist durch und durch trucken, wenig feucht, mittelmäßig warm".
Venus "feucht und warm, doch minder dann Jupiter"	"Ist mehr feucht dann trucken, so man alle Theil des Jahres zusammen nimmt, auch geschwüllich, und ziemlich warm."
Merkur "ist einer veränderlichen und unbeständigen Natur . . . . kalt und trucken"	"Ist mehr trucken und kalt, als warm, selten fruchtbar."
Mond "ist kalt und feucht, doch etwas wenig warm dabey"	"Ist gemein mehr feucht denn kalt und trucken."

In ähnlicher, doch etwas ausführlicherer Weise wird der allgemeine Witterungscharakter des Frühlings, Sommers, Herbstes und Winters in jedem der sieben Jahre geschildert; hierauf folgen ebenso gehaltene Angaben über das Gedeihen der Feldfrüchte und des Weines, über Ungeziefer und Krankheiten nach den feststehenden Rubriken: Sommer-Bau; Winter-Bau; Herbst-Saat; Obst; Hopfen; Wein-Bau; Wind, Guss und Ungewitter; Ungeziefer; Fische; Krankheiten. Hieran schliefst sich die „Particular-Witterung", der wichtigste Theil des hundertjährigen Kalenders, der leider noch heute in fast allen für das Volk bestimmten Kalendern sich wiederfindet. Als Beispiel für diesen Abschnitt wähle ich ein Jahr, in welchem die Sonne regiert (wie z. B. 1891) und setze die eben erlebte Witterung in Berlin daneben, um gleich zu zeigen, wie falsch die Angaben des Hundertjährigen sind:

„Particular-Witterung"	Wirkliche Witterung.
„Aprilis, von Anfang kalt, den 4. schön und warm, 8. windig und Platzregen, 9. bis 11. schön warm, 18. Guß und Ungewitter, 19. schön, darnach Ungewitter mit Donner, bis 23. Dann rauhe rohe Lufft, 25. sehr kalt und darbey trüb, 30. trüb."	Kühles und trübes Wetter bis zum 27., von da an warm. Die prophezeiten Platzregen, Ungewitter und Donner blieben ganz aus. Es schneite am 1. und 2., regnete täglich vom 7. bis zum 20. und am 30.

Am Schluſs des hundertjährigen Kalenders folgen Tabellen über die Tageslänge, über das Regiment der Planeten in den einzelnen Jahren, Tages- und Nachtstunden und über die „unglücklichen Tage, wie solche in jedem Monat sich befinden", zuletzt noch die „Metalle und Mineralien, wie solche unter die Planeten gehören".

Das ist der Inhalt der ersten Ausgaben des Hundertjährigen, welcher später durch allerlei fremde Zuthaten stark vermehrt worden ist. Es fragt sich nun, welche besondere Vorzüge besitzt derselbe, um so allgemeinen Anklang beim Volke finden zu können, und welches Verdienst hat Knauer selbst an seinem Kalender.

Daſs der Abt von Langheim nicht zuerst den Einfluſs der Planeten auf die Witterung behauptet hat, geht aus meinen obigen Ausführungen schon zur Genüge hervor. Auch kann ich ihm das Verdienst nicht zusprechen, den regelmäfsigen Wechsel der sieben Planeten in der Herrschaft erfunden zu haben; denn ein solcher Wechsel (allerdings von 4 mal 7 gleich 28 Jahren) liegt schon dem viel älteren italienischen Kalender des Rutilio Benincasa, von dem ich weiter unten Einiges beibringen werde, zu Grunde. Der Knauersche Kalender scheint vielmehr nur deshalb dem Volke so vollkommen gewesen zu sein, weil er in viel einfacherer, klarerer und bestimmterer Weise die Witterung und das Wachsthum einer ganzen Reihe von Jahren im Voraus angab, als es die damals noch zahlreich erscheinenden Praktiken und Prognostiken thaten. In diesen wurde das ganze komplizirte System der Astrologie mit seinen vielen, dem gemeinen Manne unverständlichen Worten und Zeichen zu Hülfe genommen, um eine Prognose in möglichst geschraubten Ausdrücken zu Wege zu bringen, wogegen der hundertjährige Kalender kurz und bündig das Wetter vorhersagte. Knauer schuf ein Volksbuch im wahrsten Sinne des Wortes. Darin liegt meines Erachtens der Hauptgrund für die aufserordentliche Beliebtheit, deren sich dieser Hausfreund des deutschen Landmanns von seinem Entstehen an zu erfreuen gehabt hat.

Nach Berthold, welcher die auf der Bamberger Bibliothek noch vorhandenen Manuskript-Exemplare des Knauerschen Kalenders eingesehen hat, soll übrigens der Abschnitt „Partikular-Witterung" wirkliche Beobachtungen Knauers enthalten und erst von Christoph von Hellwig fälschlicherweise als Vorhersage aufgefafst worden sein. Wie bereits oben bemerkt wurde, hat aber gerade dieser Theil durch Aufnahme in allen anderen (gewöhnlichen) Kalendern die allergröfste Verbreitung gefunden. Sehr viele Leute, die nie eine Ausgabe des Hundertjährigen zu Gesicht bekommen haben, kennen und benutzen diesen Theil ihres Kalenders, glauben wohl auch, dafs der Kalender deshalb ein hundertjähriger genannt wird, weil nach hundert Jahren dieselbe Witterung sich wiederholt.

Das ist, wie wir oben sahen, nicht der Fall; die Bezeichnung „Hundertjähriger Kalender" rührt erst von dem mehrfach genannten Hellwig her; denn Knauer schrieb ein „Calendarium oeconomicum practicum perpetuum", d. h. einen immerwährenden Kalender. Unleugbar hat auch der glücklich gewählte Titel nicht wenig zur Verbreitung des Buches beigetragen; der Landmann kauft lieber einen Kalender, der ihm auf hundert Jahre, also jedenfalls für die Zeit seines Lebens, den erwünschten Bescheid giebt, als jedes Jahr eine neue Practica.

Die Unrichtigkeit der Angaben des Hundertjährigen wurde natürlich schon frühe von einzelnen Gelehrten erkannt. Christoph von Hellwig gerieth wegen desselben in einen erbitterten Streit mit dem Jenenser Professor Posner, welcher den neuen Wetterpropheten schonungslos angriff. Bekanntlich nutzen aber solche gelehrte Streitschriften der guten Sache unmittelbar nur wenig. Trotz dieser und mancher anderer Angriffe wurde der hundertjährige Kalender auf seinem Siegeszuge, den er in Deutschland hielt, keineswegs gestört. Selbst in den preufsischen Kalendern, welche unter der Aufsicht der Königlichen Akademie der Wissenschaften zu Berlin herauskamen, fand er freundliche Aufnahme — bis zum Jahre 1779. Da auf einmal sollte mit dem Hundertjährigen gebrochen werden: „Die königliche Akademie der Wissenschaften — heifst es im Vorbericht — hat für schicklich gehalten, in der bisherigen Einrichtung der Kalender eine merkliche Veränderung machen zu lassen. Sie konnte nicht länger zusehen, dafs der gemeine, unwissende Mann durch ungegründete Wetter-Prophezeiungen, durch unnütze Anzeige der Tage, die man ehedem zum Aderlassen, Schröpfen, Kinderentwöhnen u. dergl., wiewohl ganz ohne Grund, für vorzüglich gut gehalten hat, und durch mehr albernes Zeug, hinters Licht geführt würde. Sie hat also befohlen, dafs alles dieses unnütze Zeug künftig aus ihren Kalendern weggeschafft werden soll." Anstatt dessen enthielt der neue Kalender ohne Wetterprophezeiungen „nützliche und angenehme Sachen zum Unterricht des Landmannes und des Bürgers". Die Akademie hatte sich aber getäuscht, wenn sie glaubte, dem Landmann durch den verbesserten Kalender einen Gefallen zu erweisen. Er wurde einfach nicht gekauft, und nie solls auf den Jahrmärkten lebhafter zugegangen sein als damals. In den Buden der Buchbinder, welche die Kalender verkauften, war ein verwirrtes Getöse von Murren, Lachen, Schmähen und Spotten. Es entstand eine förmliche Revolte gegen die Kalenderreform, bei der sich viele betheiligten, die sich zum gemeinen Mann nicht rechnen lassen, ohne beleidigt zu werden. Doch der Zweck wurde erreicht: der Kalender fürs Jahr 1780 enthielt wieder die alten Wetterprophezeiungen, wie ehedem. Die Akademie, welche einen sehr erheblichen Theil ihrer Einkünfte aus dem Kalenderregal bezog, hatte nachgeben müssen. Das leidige Geld war wieder einmal der *nervus rerum* gewesen und hatte den Ausschlag gegeben. Und genau so geschieht es noch heute. Wie viele Kalender-Verleger mögen nicht von der Haltlosigkeit der Wetterangaben in ihren Kalendern überzeugt sein und können sich aus „Geschäftsrücksichten" doch nicht entschliefsen, den Hundertjährigen über Bord zu werfen! Erst dann, wenn das Volk selbst die Wetterprophezeiungen nicht mehr verlangt, kann es in dieser Beziehung besser werden. Dazu kann aber meines Erachtens nur die Schule und weitere allgemeine Aufklärung des Volkes verhelfen. —

Der hundertjährige Kalender hat, wie bereits bemerkt, fast ausschliefslich in Deutschland Verbreitung gefunden; allerdings ist eine russische und eine czechische Uebersetzung desselben bekannt geworden, aber in den wichtigsten Kulturstaaten West- und Südeuropas ist er unbekannt geblieben. Der Grund dafür liegt zweifelsohne darin, dafs diese Länder selbst schon ähnliche Werke besafsen. Ich will einige dieser Schriften noch in Kürze erwähnen und beginne mit der ältesten mir bekannt gewordenen, dem bereits oben erwähnten „Almanacco Perpetuo" des Rutilio Beninoasa, dessen erste Ausgabe ins

Jahr 1593 fällt. Das dickleibige Buch (über 600 Seiten kl. 8°) des sonst ziemlich unbekannten Verfassers, von dem ich nur angeben kann, dafs er 1550 zu Cosenza in Unteritalien geboren wurde und 1625 starb, fand in Italien aufserordentlichen Beifall; denn es erlebte wahrscheinlich 40 Auflagen. Es erinnert in seiner ganzen Anlage etwas an ein ähnliches, aber kleineres Werk unseres norddeutschen Landsmannes Joh. Colerus, welcher im Jahre 1591 ein „Calendarium oeconomicum et perpetuum" herausgab; allein, während in diesem nur allgemeine Wetter- und Bauernregeln mitgetheilt werden, findet sich in Benincasas Almanacco zum ersten Male ein planvolles Wechselsystem in der Herrschaft der Planeten über das Wetter. Nach je 28 Jahren sollen die sieben Planeten wieder als Jahresregenten in derselben Reihenfolge auftreten. In einer Ausgabe dieses Almanachs vom Jahre 1700 wird auf S. 183 folgendes „Pronostico perpetuo" für die 28 Jahre von 1686—1713 mitgetheilt: Sonne, Mars, Merkur, Jupiter, Venus, Sonne, Mond, Mars, Merkur, Venus, Saturn, Sonne, Mond, Merkur, Jupiter, Venus, Saturn, Mond, Mars, Merkur, Jupiter, Saturn, Sonne, Mond, Mars, Jupiter, Venus, Saturn. Dabei werden aber auch noch die übrigen Himmelszeichen, Konstellationen u. s. w. als einflufsreich auf die Witterung beachtet.

Der berühmteste Wetterprophet in den Ländern französischer Sprache war Mathieu Laensbergh, über dessen Lebensschicksale so gut wie nichts bekannt ist. Man hat zwar oft behauptet — und das Lütticher Landvolk läfst sich diesen Glauben auch heute noch nicht nehmen — dafs Laensbergh ein Kanonikus an der Bartholomäuskirche oder gar ein Bischof in Lüttich gewesen sei, aber genaue Nachforschungen in den Kirchenbüchern haben nichts von alledem ergeben. Wir wissen nur, dafs zuerst im Jahre 1636 zu Lüttich ein Almanach erschien, als dessen Verfasser sich ein gewisser Mathieu Lansbert bezeichnete und dafs vom Jahre 1647 ab der Name in Laensbergh umgewandelt wurde.[16]) Dieser Kalender, dessen Abschnitte „Prognostication" und „Prédiction" grofsen Beifall fanden und den fabelhaften Erfolg des Buches bedingten, ist seitdem in Lüttich Jahr für Jahr erschienen und schon im 17. Jahrhundert vielfach nachgeahmt und nachgedruckt worden. In Brüssel, Tournai, Lille, Rouen, Mans, Mantereau, Epernay, Troyes und besonders in Paris erscheinen jährlich Dutzende von Kalendern mit Wettervorhersagungen unter dem Schutz des ehrwürdigen „Maistre Mathieu Laensbergh", der in

[16]) Recherches bibliographiques sur les almanachs belges, par A Warzée. Bruxelles 1852. 8°. S. 20.

seiner Heimath eine so volksthümliche Persönlichkeit geworden ist, dafs man während der Jahre 1825—1829 sogar eine Zeitung unter seinem Namen in Lüttich erscheinen liefs.

In neuerer Zeit hat Mathieu Laensbergh mehrere Konkurrenten in Frankreich erhalten: Mathieu (De La Drôme) und Raspail. Unter des ersteren Namen erscheint seit 1864 ein „Annuaire (bezw. Almanach) Mathieu (De La Drôme). Indicateur Du Temps" das sich dank der geschickten Operationen[17]) des Verlegers, Henri Plon, grofser Beliebtheit erfreut. Es scheint mir nicht unwahrscheinlich, dafs dieser bereits 1865 verstorbene Politiker und Schriftsteller die Aehnlichkeit seines Namens mit dem des berühmten belgischen Kollegen dazu benutzt hat, seinem Annuaire von vornherein gröfsere Verbreitung zu verschaffen. Aus einer Abhandlung „De la prescience du temps", die Mathieu de la Drôme dem „Congrès des délégués des sociétés savantes" im März 1864 einreichte, geht hervor, dafs er bei der Prognosenstellung hauptsächlich auf die Stellung der Sonne und des Mondes Rücksicht nimmt und frühere Wetterbeobachtungen für die wiederkehrenden gleichen Positionen als gültig annimmt: „Connaissant, par des observations antérieures, le temps que ces positions ont donné dans le passé, je connais le temps qu'elles donneront dans l'avenir. Mêmes causes, mêmes effets." Das klingt so wissenschaftlich und ist doch so falsch. Aufser dem „Annuaire Mathieu (De La Drôme)," welcher einen Frank kostet, erscheinen alljährlich noch „Le Double Almanach" und „Le Triple Almanach" desselben Verfassers zum Preise von nur 30 bezw. 50 centimes.[18])

Der Erfolg, den dieser Kalender erzielte, veranlafste wahrscheinlich die Herausgabe des „Almanach et Calendrier Météorologique" durch F. V. Raspail im Jahre 1865, der meines Wissens bis jetzt gleichfalls fortgesetzt wird. Der Verfasser, über dessen wechselvolle Lebensschicksale man Glaesers „Biographie nationale des contemporains" nachlesen möge, gründet seine Wetterprognosen auf den be-

---

[17]) So veröffentlicht Plon im Annuaire für 1865 einen reizend geschriebenen Feuilletonartikel von Alexandre Dumas, welcher gerade in Italien ist und mittheilt, was Italien über die Wettervorhersagungen des Mathieu de la Drôme denkt. Natürlich das Beste! Das war aber durchgehends nicht der Fall; denn ich besitze ein kleines im Paduaner Dialekt geschriebenes Büchlein: „A Mathieu De La Drôme. Sestine in vernacolo de L... D. Padoa 1864. 16°," In welchem der anonyme Verfasser sich über den Wetterpropheten und seine Anhänger lustig macht.

[18]) Bei demselben Verleger kommt aufserdem noch ein „Almanach prophétique" und ein „Almanach astrologique" heraus.

kannten 19-jährigen Mondcyklus, der bereits früher in den Wetterkalendern (Giornale astrometeorologico per l'anno ....) des Italieners Toaldo Verwerthung gefunden hatte. Raspail, der in der meteorologischen Literatur ziemlich gut Bescheid weifs, geht vor allem auf die vortrefflichen Arbeiten seines Landsmannes Louis Cotte zurück und druckt immer einen entsprechenden Jahrgang der älteren Pariser Beobachtungen in extenso ab, so z. B. im Kalender für 1867 die Aufzeichnungen vom Jahre 1810 (1867—1810 = 57 = 3 × 19).

Auch in England ist an Kalendern mit Wetterprophezeiungen von jeher kein Mangel gewesen; es scheint aber, als ob keiner der englischen Propheten zu solcher Berühmtheit gelangt wäre, wie unser Moritz Knauer oder der belgische Mathieu Laensbergh. Dagegen dürfte die Anzahl derartiger verschiedener Publikationen hier noch gröfser als anderswo sein. Trotz der grofsen Unzugänglichkeit dieser Art von Literatur, namentlich für die aufserhalb Englands Lebenden, sind allein aus diesem Jahrhundert zu meiner Kenntnifs, bezw. in meinen Besitz gelangt solche Schriften von Blake, Doxat, Legh, Murphy, Simmonite und Whistlecraft. Sie führen meist den Titel "Weather-Almanac" und basiren auf irgend welchen astro-meteorologischen Grundsätzen, die dem Verfasser wahrscheinlich oft selbst nicht verständlich sind. Dagegen hat eine Art von englischem Schäfer-Wetter-Kalender, in dem wirklich ein guter Kern steckt, weitere Verbreitung beim Volke gefunden und ist selbst ins Deutsche und Französische übersetzt worden. Ich meine „The Shepheard's Legacy; or John Clearidge his forty years experience of the Weather ....", ein Büchelchen von 32 Seiten, welches zuerst im Jahre 1670 zu London erschien und seitdem mehrfach neu aufgelegt wurde. Es enthält fast ausschliefslich natürliche Wetterzeichen, wie sie der im Freien lebende Schäfer täglich zu beobachten Gelegenheit hat.

Doch nun genug von den Wetter-Kalendern. Ich hätte deren leicht noch mehr aufzählen können; allein man wird auch so schon zu der Ansicht gekommen sein, dafs wahrlich immer noch viel zu viel von diesen Wetterprophezeiungen dem leichtgläubigen Volke geboten wird. Die Verfasser derartiger Schriften bedenken leider nicht, dafs für das Volk nur gerade das Beste gut genug ist, huldigen vielmehr dem alten Spruche, den ich als Motto über die letzten Kapitel hätte setzen können „mundus vult decipi, ergo decipiatur"; denn von der Richtigkeit ihrer Prophezeiungen sind sie doch zumeist selbst nicht überzeugt. In einer Geschichte der Verirrungen des menschlichen Geistes dürfte eine ausführliche Darstellung des Wahnes, das

Wetter auf ein ganzes oder gar mehrere Jahre im Voraus angeben zu wollen, eine geeignete Stelle finden, und ich zweifle nicht, dafs sie auch eine willkommene Ergänzung zu Adelungs „Geschichte der menschlichen Narrheit" bilden würde.

Mit einem so traurigen Rückblick möchte ich indessen nicht schliefsen; ist doch der Ausblick auf die Zukunft ein viel erfreulicherer. Denn gerade im Rahmen eines geschichtlichen Ueberblicks, wie ich ihn im Vorstehenden zu geben versucht habe, läfst sich am besten erkennen, dafs wir in dieser Beziehung erhebliche Fortschritte gemacht haben. Der rein astrologische Wetteraberglauben ist fast ganz verschwunden, nur von dem Einflufs des Mondes auf das Wetter will das Volk noch nicht lassen. Dabei befolgt es aber nicht etwa bestimmte Systeme, wie solche die modernen Propheten vom Schlage eines Overzier und Falb dem Publikum aufzudrängen suchen, sondern lebt nur der Meinung, dafs mit dem Mondwechsel auch eine Aenderung des Wetters verbunden sein müsse. Hat es lange Zeit geregnet, so hofft der Bauer beim Mondwechsel auf Eintritt trockener Witterung, während er vielleicht schon das nächste Mal bei derselben Mondphase Regenwetter herbeiwünscht. Auch der Glaube an den Hundertjährigen Kalender ist entschieden in Abnahme begriffen, wenn er sich auch noch Jahrhunderte lang hier und da erhalten wird. Bedenken wir aber nur die eine Thatsache, dafs vor 300 Jahren allein in Deutschland jedes Jahr mehr als zehn Praktiken erschienen, in denen das Wetter für das ganze folgende Jahr vorausgesagt wurde, so müssen wir gestehen, dafs es in dieser Beziehung viel besser geworden ist.